Bertram Noback, Andreas Pflock, Andreas Schulz (Hrsg.)

DENK-mal „smart"!

EIN PROJEKT ZUR NUTZUNG DIGITALER KOMMUNIKATIONSFORMEN BEI DER AUSEINANDERSETZUNG MIT DEM NATIONALSOZIALISMUS

verlag regionalkultur

Dr. Bertram Noback studierte Geschichte, Philosophie/Ethik, Politikwissenschaft, Germanistik, Soziologie und Erziehungswissenschaft an der Ruprecht-Karls-Universität Heidelberg. Er promovierte über die Vermittlung der NS-Zeit im Geschichtsunterricht und gibt seit 2007 Lehraufträge mit den Schwerpunkten Erinnerungspädagogik, Medienpädagogik, Demokratiepädagogik und Schulentwicklung. Hauptberuflich arbeitet er als Gymnasiallehrer, zwischen 2010–2015 am Hölderlin-Gymnasium in Heidelberg und seit 2015 an der Stadtteilschule Arheilgen (Darmstadt). Dort ist er pädagogischer Leiter des Gymnasialzweigs.

Andreas Pflock, M. A., studierte Geschichts- und Politikwissenschaften an der Universität Hannover und ist Historiker. Seit Mitte der 1980er Jahre engagiert er sich für die Aufarbeitung und Vermittlung der NS-Verbrechen. Er arbeitete u. a. in den KZ-Gedenkstätten Bergen-Belsen und Wewelsburg sowie für den Arbeitskreis der NS-Gedenkstätten in NRW und forscht zu den NS-Lagern in den besetzten Niederlanden. Seit 2001 ist er wissenschaftlicher Mitarbeiter im Dokumentations- und Kulturzentrum Deutscher Sinti und Roma in Heidelberg. Dort etablierte er zeitgemäße Formen für die pädagogische Arbeit mit Jugendlichen.

Andreas Schulz studierte Geschichte und Klassische Philologie an der Ruprecht-Karls-Universität Heidelberg. Seit 2016 ist er wissenschaftlicher Mitarbeiter im Projekt Lernort Kislau und seit 2017 Fachreferent für Jugend- und Vermittlungsarbeit an Gedenkstätten an der Landeszentrale für politische Bildung. Im selben Jahr erhielt er einen Lehrauftrag für Medien-Rezeption an der Karlshochschule Karlsruhe. Zu seinen Veröffentlichungen zählen Arbeiten zur Schnittstelle zwischen Schulen und Gedenkstätten sowie zum Einfluss der Digitalisierung auf die Erinnerungskultur.

Impressum

Titel:	DENK-mal „smart"
Herausgeber:	Bertram Noback, Andreas Pflock, Andreas Schulz
Satz/Umschlag:	Jochen Baumgärtner
Gesamtherstellung:	verlag regionalkultur (vr)
Titelbildnachweis:	Hintergrundfoto: Bundesarchiv, Bild 147-0510 / CC-BY-SA 3.0, Kundgebung der Hitler-Jugend im Berliner Lustgarten am 1. Mai 1933; Umschlag und Seite 17: Kehrel/Dokumentationszentrum Deutscher Sinti und Roma"

ISBN 978-3-95505-089-4

Bibliografische Information der Deutschen Bibliothek
Die Deutsche Bibliothek verzeichnet diese Publikation in der
Deutschen Nationalbibliografie; detaillierte bibliografische Daten sind im Internet über
http://dnb.ddb.de abrufbar.

Diese Publikation ist auf alterungsbeständigem und säurefreiem Papier
(TCF nach ISO 9706) gedruckt entsprechend den Frankfurter Forderungen.

verlag regionalkultur
Ubstadt-Weiher • Heidelberg • Neustadt a.d.W. • Basel

Korrespondenzadresse:
Bahnhofstraße 2 • D-76698 Ubstadt-Weiher
Tel. 07251 36703-0 • *Fax* 07251 36703-29
E-Mail kontakt@verlag-regionalkultur.de
Internet www.verlag-regionalkultur.de

Inhalt

An einem sonnigen Tag im Juni 2017 steigen wir aus dem Bus, der gerade an der Einfahrt zum Schloss Grafeneck bei Gomadingen gehalten hat. Gemeinsam mit rund 30 Studierenden sind wir hierhergekommen, um die Gedenkstätte für die Opfer der NS-„Euthanasie"-Morde zu besuchen. Wir, das sind Bertram Noback als Lehrbeauftragter der Universität Heidelberg, Andreas Pflock als wissenschaftlicher Mitarbeiter des Dokumentations- und Kulturzentrums Deutscher Sinti und Roma und Andreas Schulz, der die Landeszentrale für politische Bildung Baden-Württemberg vertritt. Die Exkursion ist Teil eines Seminars zur Gedenkstättenpädagogik, das seit zehn Jahren vom Institut für Bildungswissenschaften der Universität Heidelberg gemeinsam mit dem Dokumentationszentrum veranstaltet wird. In diesem Jahr unterstützt auch die Landeszentrale erstmals die Seminarveranstaltung, die künftige Lehrkräfte frühzeitig einen Zugang zu Fragen der „Holocaust Education" nahe bringen will.

Nach einer thematischen Einleitung im Dokumentationszentrum Grafeneck gehen wir zum Friedhof. Von dort aus kann man an sonnigen Tagen wie diesem den Blick hinaus in die Ferne schweifen lassen. „Ist das heute mal wieder schön hier" murmeln wir vor uns hin, gerade so laut, dass es die Studierenden hören können. Dieser Satz ist als kleine Provokation gemeint. Haben sich seit unserer Ankunft die Diskussionen in verhaltenem, vorsichtigem Rahmen abgespielt, so wollen wir die angehenden Lehrer[1] nun etwas aus der Reserve locken. Wie reagiert man eigentlich, wenn Jugendliche im Rahmen eines Besuchs eine solche Anmerkung machen? Zögerlich meldet sich die erste Studentin zu Wort und fragt, ob solch eine Anmerkung angesichts der Grausamkeit des Ortes nicht fehl am Platze sei. Schnell entsteht eine hitzige Debatte um den Ort als historisches Zeugnis vergangener Verbrechen, die schließlich in einem Streitgespräch über eine zeitgemäße Form der Erinnerung mündet. Eigentlich war unser Plan, durch die anfängliche, provokative Aussage zum Thema „Rolle der Lehrkraft" überzuleiten; stattdessen lassen wir nun dem Gespräch freien Lauf.

Am Ende des Grafeneck-Besuchs steht unser Entschluss: Wir möchten Jugendlichen selbst einen Raum bieten, über verschiedene Aspekte der gegenwärtigen Erinnerungskultur nachzudenken. Wir möchten einmal nicht nur über Jugendliche sprechen und schreiben, sondern mit ihnen diskutieren, und dabei ihre Perspektive auf das Themen kennenlernen und verstehen. Letztlich blieb die Frage nach einem geeigneten Rahmen, in dem wir solche Gespräche führen könnten.

Heutzutage spielt sich ein Großteil der zwischenmenschlichen Kommunikation im Alltag über Chats und Foren ab. Wir entschieden uns daher für die beliebteste aller Social-Media-Plattformen. Als wir den interessierten Schülern diesen Vorschlag unterbreiteten, ernteten wir nur ungläubiges Kopfschütteln: dieses Netzwerk würden nur noch „die Alten" benutzen, wir sollten lieber auf einen Dienst zurückgreifen, der eine direkte Kommunikation auf dem Smartphone ermögliche und über den eh „alle" verfügen würden. Alle. Außer natürlich zunächst einer der Herausgeber dieses Buchs.

Im Laufe der fast vier Monate, in denen wir – mal intensiver, mal weniger intensiv – unseren Chat führten, kristallisierte sich immer mehr heraus, dass diese Form der Auseinandersetzung viel mehr Möglichkeiten bietet, als wir zunächst angenommen hatten. Einige wenige Teilnehmende kannten sich zwar bereits aus dem Studium oder der Schule. Die meisten wussten allerdings bis zum Abschluss des Projekts nicht, mit wem sie ihre Meinungen austauschten – sie hatten sich nie zuvor persönlich getroffen. Dennoch – oder gerade deshalb? – führten alle Teilnehmenden einen sehr offenen Dialog miteinander, versuchten Verständnis für die Positionen der oder des anderen zu entwickeln und schließlich auch gemeinsam an Positionen zu arbeiten. Diese Offenheit, die Geduld und vor allem das große Interesse der Jugendlichen an diesem Projekt haben uns motiviert, daran weiterzuarbeiten und dieses Buch zu verfassen. Es soll den Positionen der Jugendlichen einen angemessenen Raum geben und darlegen, inwieweit moderne Formen der digitalen Kommunikation neue Perspektiven für die schulische und außerschulische Bildungsarbeit bieten können.

Wir danken allen Mitwirkenden und Unterstützern ganz herzlich, dass sie uns diese Veröffentlichung ermöglicht haben. Ein besonderer Dank gebührt dem Studierendenrat der Universität Heidelberg, Birgit Kipfer und dem Verein „Gegen Vergessen – Für Demokratie e. V.", der Gesellschaft für Christlich-Jüdische Zusammenarbeit Darmstadt e. V. und dem Dokumentationszentrum Deutscher Sinti und Roma für die finanzielle Unterstützung, dem verlag regionalkultur und vor allem Jochen Baumgärtner und Reiner Schmidt für die freundliche und professionelle Betreuung bei der Veröffentlichung.

Darmstadt, Heidelberg, Karlsruhe im April 2018
Bertram Noback, Andreas Pflock, Andreas Schulz

HANNA LINA DETERING (*1995)
Hallo, mein Name ist Hanna und ich studiere Englisch, Politik- und Wirtschaftswissenschaften auf Lehramt. Aufgewachsen bin ich in Rhede, einer Kleinstadt im Westmünsterland, NRW. Während meiner Freiwilligenarbeit an einer Schule in Neusee- land entstand der Wunsch Lehrerin zu werden. Von der Lust auf Neues gepackt, verschlug es mich in das schöne Heidelberg zum Studieren. Lesen, Reisen, Klaviespielen und meine Zeit mit meinem Hund zu verbringen, gehören zu meinen liebsten Beschäftigungen.

JAKOB FLEMMING (*1995)
Ich bin Jakob und komme aus Kiel. Nach meinem Abitur in der schleswig-holsteinischen Peripherie zog es mich gen Süden, nach Heidelberg, um dort Politische Wissenschaft an der Uni sowie Jüdische Studien an der Hochschule für Jüdische Studien zu studieren. Derzeit absolviere ich ein Praktikum in der Politikberatung in Berlin. Schon früh war ich nämlich politisch in diversen Jugendorganisationen engagiert, wobei ein Schwerpunkt stets im Bereich der politischen Bildung und des Einsatzes gegen Antisemitismus liegt. Fernab der Politik interessiere ich mich für den zweitklassigen Fußball des VfL Bochum und Radsport.

VIVIEN FRITSCH (*2001)
Ich bin Vivien und komme aus Darmstadt. Ich besuche die 10. Klasse und meine Lieblingsfächer sind Geschichte, Politik und Deutsch. Seit der 9. Klasse bin ich als Schulsprecherin aktiv und Mitglied des Stadtschülerrats in Darmstadt. Aber das Le- ben besteht natürlich nicht nur aus Politik! In meiner restlichen Freizeit erklimme ich die höchsten Berge. Und im Winter fahre ich sie mit dem Snowboard wieder herunter. Wenn mal nichts zum Klettern in der Nähe ist, gehe ich mit den Pfadfindern auf Spurensuche.

PHILIPP HACK (*2000)

Mein Name ist Philipp und ich wohne in Darmstadt. Derzeit besuche ich die 12. Klasse. Seit ich denken kann, sind mir die Fächer Geschichte und Politik am liebsten. Wen wundert es da, dass ich auch neben der Schule in verschiedenen Jugendvertretungsgremien aktiv bin? Wenn ich mal keine Politik mache oder an Buchprojekten mitwirke, verbringe ich als ehrenamtlicher Mitarbeiter viel Zeit in der Kirche.

JAKOB HÖHL (*1999)

Darf ich vorstellen: Jakob mein Name. Ich bin Schüler und besuche die 12. Klasse in meiner Heimatstadt Darmstadt. Politik hat mich schon immer interessiert, daher bin ich auch Mitglied bei den Jusos geworden. Aber was wäre ein guter Politiker ohne Bildung? Daher lese ich viel in meiner Freizeit. Selbstverständlich kenne ich mich auch mit anderen Medien gut aus: Auch Gaming gehört zu einer meiner Lieblingsbeschäftigungen.

TORBEN HOYER (*1992)

Moin, ich bin Torben und ich bin Weltmann vom Fach: Mein Abitur absolvierte ich in Hamburg. Nach einem anschließenden Auslandsjahr in Neuseeland begann ich zum Wintersemester 2012/13 Geschichte und Anglistik auf Lehramt an der Universität Heidelberg zu studieren. Von September 2014 bis Juni 2015 zog es mich nach Schottland, an die University of Edinburgh. Seit Februar 2016 bin ich wieder lokaler unterwegs: Ich bin als studentische Hilfskraft in der Reichspräsident-Friedrich-Ebert-Gedenkstätte in Heidelberg tätig.

MARCO LA LICATA (*1995)

Servus, ich bin Marco und komme aus Heidelberg. Falls Sie mal einen Juristen brauchen, ich kenne da wen: Seit 2014 studiere ich nämlich Jura in Heidelberg. Neben dem Studium bin ich politisch aktiv und Mitglied bei DIE LINKE und deren Jugendorganisation, der linksjugend ['solid]. Mein Engagement gegen Nazis ist mir sehr wichtig, am besten kann ich mich dafür in der VVN einsetzen. Zur Entspannung lege ich mir abends gerne mal Black und Death Metal auf.

KATHARINA MÜLLER (*1990)

Ich bin Katharina aus Karlsruhe. Seit 2012 studiere ich Geschichte und Germanistik auf Lehramt an Gymnasien in Heidelberg. Als wissenschaftliche Hilfskraft am Historischen Seminar kann ich mein Engagement voll ausleben. Derzeit arbeite ich bei einem Projekt über Bürokraten und NS-Reichsministerien mit. Wer mehr von mir lesen will, findet Texte von mir in der Veröffentlichung „Täter – Helfer – Trittbrettfahrer. NS-Belastete in Baden-Württemberg".

LEONIE MÜLLER (*2001)

Mein Name ist Leonie und ich komme aus Darmstadt, wo ich derzeit in die 11. Klasse gehe. Bei der Auswahl meiner Hobbys habe ich stets auf Vielfalt geachtet: Ich mag Computerspiele und male gerne. Abwechselnd spiele ich Querflöte und Basketball und betreibe Leichtathletik. Außerdem verbringe ich viel Zeit vor der Nähmaschine, sowohl für ein neues Cosplay-Kostüm, als auch für ein neues Stück meiner „Lolita-Garderobe", das ist ein historisch basierter Modestil.

SELINA TAUSCHMANN (*2002)

Hi, ich heiße Selina Tauschmann und bin eine echte Darmstädterin. Zurzeit besuche ich die 10. Klasse einer Stadtteilschule. Meine Lieblingsfächer sind Geschichte, Mathe, Deutsch und Physik. In meiner Freizeit bin ich aber auch technisch und biologisch-geologisch orientiert: Ich fotografiere am liebsten Tiere und Landschaften. Wenn ich mal keine Kamera zur Hand habe, gehe ich das Gebiet eben per Geocaching erkunden. Zudem bin ich als Teamerin bei den Ferienspielen des CVJM tätig.

KATJA ZHOLKOVSKA (*1994)

Ich bin Katja und bin in Kirovograd in der Ukraine geboren. Seit 2015 studiere ich an der Uni in Heidelberg. Bis zu meinem siebten Lebensjahr lebte ich allerdings noch in der Ukraine, wo ich die erste Klasse einer jüdischen Grundschule besuchte, bis meine Familie beschloss, nach Deutschland zu ziehen. Nach unserem Umzug wurden wir in Heidelberg untergebracht, wo ich zeitnah begann, die Kindergruppe der Heidelberger Synagoge zu besuchen. Seither arbeite ich ehrenamtlich mit jüdischen Kindern und Jugendlichen. Ich bin aber auch sportlich sehr aktiv: Sportgymnastik, Ballett und Schwimmen zählten und zählen zu meinen Hobbys.

THOMAS ALTMEYER (*1978)

Mein Name ist Thomas Altmeyer, Experte. Zur Auseinandersetzung mit dem Widerstand gegen das NS-Regime bin ich über die die Themen „Rechtsextremismus" und „Rechtspopulismus" gekommen, die immer auch einen historischen Blick benötigen. Als wissenschaftlicher Leiter beim Studienkreis Deutscher Widerstand 1933–1945 setze ich mich seit 2005 intensiv mit dem Widerstand in der NS-Zeit und mit dem gegenwärtigen Blick darauf auseinander. Zudem arbeite ich als pädagogischer Mitarbeiter in der KZ-Gedenkstätte in Neckarelz. Dementsprechend wichtig ist es mir, darüber nachzudenken, wie man NS-Geschichte angemessen und nicht nur „antiquarisch" vermitteln kann. Das ist regelmäßig auch Thema mit Lehramtsstudierenden bei meinen Seminaren im Institut für Didaktik der Geschichte an der Goethe-Universität in Frankfurt.

BERTRAM NOBACK (*1979)

Ich heiße Bertram, komme ursprünglich aus dem Odenwald und habe in Heidelberg studiert und promoviert. Heute wohne ich in Aschaffenburg und arbeite als Gymnasiallehrer an der Stadtteilschule Arheilgen, Darmstadt. Zuvor habe ich von 2010 bis 2015 am Hölderlin-Gymnasium Heidelberg unterrichtet. Nebenberuflich bin ich seit 2008 Lehrbeauftragter unter anderem an der Ruprecht-Karls-Universität Heidelberg. Derzeit bin ich in Elternzeit und genieße dadurch mal eine völlig andere Perspektive auf das Leben.

ANDREAS PFLOCK (*1968)

Mit der „68" bin ich ungewollt wohl der „Projektälteste". Ursprünglich komme ich aus Niedersachsen, wo ich in Hannover Geschichte und Politik studiert habe. 2001 hat es mich beruflich nach Heidelberg ins Dokuzentrum der Sinti und Roma geführt. Dort bin ich für die pädagogische Vermittlungsarbeit verantwortlich und arbeite fast täglich mit Schülern und Studierenden zusammen. Das empfinde ich als große Bereicherung bei der Auseinandersetzung mit der mich stets umtreibenden Frage, wie die Geschichte des Nationalsozialismus zeitgemäß vermittelt werden kann.

ANDREAS SCHULZ (*1988)

Ich bin Andreas aus Karlsruhe. Studiert habe ich Geschichte und Latein in Heidelberg und derzeit erkunde ich als Fachreferent für Gedenkstättenarbeit an der Landeszentrale für politische Bildung die baden-württembergische Hauptstadt. Eigentlich reise ich gerne, derzeit aber meist nur dienstlich. Zumindest zum Lesen bleibt im Zug aber viel Zeit. Darüber hinaus arbeite ich im Projekt-Team des Lernort Kislau, wo ich unter anderem die Ausstellung mit plane.

Nicht zuletzt durch das Sterben der letzten Zeitzeugen steht die sogenannte Holocaust Education vor einem Umbruch: dem Übergang vom kommunikativen ins kollektive Gedächtnis. Daher und aufgrund der sich dramatisch verändernden Rahmenbedingungen – Globalisierung, Digitalisierung, Postfaktizität, um hier exemplarisch drei populäre Schlagworte des öffentlichen Diskurses zu erwähnen – wird sich die bundesdeutsche Erinnerungslandschaft grundlegend verändern. Zugespitzt stellt sich die Frage, ob sich der Nationalsozialismus mittel- bis langfristig in ein beliebiges Geschichtsthema transformiert oder nach wie vor ein wesentlicher Bestandteil des bundesdeutschen Gründungsmythos bleibt, also weiterhin eine exponierte Stellung in der Bildungsarbeit einnehmen wird.

Solche und ähnliche Fragen bilden den Kern unseres Projekts, bei dem wir eine neue Form der pädagogischen Aufarbeitung des Nationalsozialismus mit einer Gruppe von Schülern und Studierenden erprobt haben. Es handelt sich dabei um einen Chat, in dem die Gruppe über den Umgang mit der NS-Zeit im beginnenden 21. Jahrhundert nachgedacht und diskutiert hat. Im Folgenden möchten wir zunächst die Ausgangslage und einige zentrale Ergebnisse unserer Gespräche darlegen.

Worum ging es inhaltlich?
Die im Chatverlauf zur Sprache kommenden Inhalte lassen sich in drei Bereiche zusammenfassen: der persönlich-familiäre Zugang der Chattenden zum Nationalsozialismus, der gesellschaftliche Umgang mit dem Nationalsozialismus und die schulische sowie außerschulische Bildungsarbeit.

Wer nahm am Chat teil und wie lief der Chat ab?
Die Idee zu diesem Chat entwickelten wir am Rande des Blockseminars „Holocaust Education 2017 – zwischen Denkstätte und Schule" von Bertram Noback, das im Sommersemester 2017 am Institut für Bildungswissenschaften an der Ruprecht-Karls-Universität Heidelberg in enger Kooperation mit dem Dokumentations- und Kulturzentrum Deutscher Sinti und Roma und der Landeszentrale für Politische Bildung Baden-Württemberg stattfand. Während eines Exkursionswochenendes überlegten wir, auf welche Weise Schüler heute noch für eine Auseinandersetzung mit dem Thema „Nationalsozialismus" zu motivieren sind. Unsere Idee war, einen Chat zu initiieren, bei dem nicht Intellektuelle und Experten ihr Wissen kundtun, sondern Jugendliche selbst zu Wort kommen.

Die Jugendlichen, mit denen wir schwerpunktmäßig zusammenarbeiten, sind Schüler und Studenten. Unsere Hoffnung war, dass sie durch die Nutzung eines digitalen Kommunikationsmediums besser unter- und miteinander ins Gespräch kämen. Daher luden wir insgesamt fünf Schüler in unsere Gruppe ein, drei aus der Oberstufe eines hessischen Oberstufengymnasiums und zwei

Schülerinnen einer hessischen Gesamtschule der Klasse 10. Außerdem nahmen sechs Studenten und drei Studentinnen daran teil. Wichtig war uns, dass die Studierenden weit gestreut hinsichtlich der Fachrichtungen (Politikwissenschaft, Jura, Geschichtswissenschaft, Deutsch, Englisch, Jüdische Studien, Bildungswissenschaft und Philosophie/Ethik) und der Abschlüsse (Lehramt, Staatsexamen Jura, B. A., M. A.) aufgestellt waren.

Um dem Chat die notwendige Tiefe zu verschaffen, entschlossen wir uns, unser Expertenwissen und die damit verbundenen Perspektiven (Schule – Universität – Gedenkstätte – politische Bildungsarbeit) in das Projekt zu integrieren. Wir strukturierten als Moderatoren die Themen vor und versuchten durch gezielte Impulse, bestimmte Themenfelder, Fragestellungen, Herausforderungen und Kontroversen anzureißen. Darüber hinaus war es uns ein Anliegen, die Jugendlicher mit Experten in Kontakt treten zu lassen: mit Andreas Pflock als Gedenkstättenmitarbeiter und mit Thomas Altmeyer vom Studienkreis Deutscher Widerstand.

Der Chat war geprägt von zwei Kommunikationsformen: dem offenen Chat und dem Terminchat. Beim offenen Chat wurde von den Moderatoren ein Impuls gesetzt, zu dem sich jeder Mitwirkende über Tage hinweg jederzeit äußern konnte. Ob und wann sich jemand äußerte, war völlig freigestellt. Auch regten wir die Jugendlichen dazu an, selbst Denkanstöße – z. B. eigene Gedanken, interessante Zeitungsartikel, Internetlinks etc. – in die Gruppe zu teilen, damit sie selbst als Impulsgeber fungieren konnten. Beim Terminchat verabredeten wir ein gemeinsames Zeitfenster, in dem ein bestimmtes Themenfeld diskutiert wurde. Beispielsweise fanden an fixen Terminen die beiden Expertenchats über „Widerstand" und „Gedenkstätten" sowie der Abschlusschat über „Normalisierung und Zukunft der Erinnerung" statt. Im Nachfolgenden möchten wir der Verlauf einzelner Chats aus unserer Sicht beleuchten.

1. Der persönlich-familiäre Zugang zum Thema

Ich glaube, dass die NS-Zeit uns alle auf die eine oder andere Weise prägt. (Jakob)

Angehende Lehrkräfte hören während ihrer Ausbildung häufig, dass sie Schüler in ihrer eigenen Lebenswelt abholen sollen. Der Lernstoff soll ihnen möglichst verständlich, also mit ihrem eigenen Umfeld irgendwie zusammenhängend, präsentiert werden. Orientiert an Harald Welzers Analysen zum Familiengedächtnis ging es uns daher zunächst darum, die persönlichen Bezüge zur Vergangenheit offenzulegen und zu hinterfragen.

Schnell stellte sich heraus, dass die Chattenden ganz unterschiedliche Familienhintergründe mitbrachten. In den Familien von Bertram, Torben und Katharina sind aktive Unterstützer des NS-Systems wiederzufinden. Die Großeltern von Philipp haben das Thema eher verdrängt und nicht offen thematisiert, daher besitzt er wenig profunde Kenntnisse über ihre Einstellungen und ihr Wirken. Demgegenüber sind Jakob Höhls Großeltern mütterlicherseits Heimatvertriebene aus Ungarn bzw. Jugoslawien, bei denen Geschichten über die Flucht, das Lagerleben und den schwierigen Start in Deutschland prägend waren. Katja ist Nachfahrin von Verfolgten des NS-Regimes, die 2001 aus der Ukraine nach Deutschland kamen. Hanna hat ebenfalls einen jüdischen Großelternteil, der sich verstecken musste. Vivien wiederum deutet an, dass eine Großmutter Opfer des Bombenkriegs wurde.

Insbesondere Katja, Katharina, Jakob und Hanna äußerten, die NS-Zeit habe einen starken Einfluss auf die Entwicklung ihrer Persönlichkeit gehabt. Für Katja ist der Holocaust ein prägender Teil ihres Selbstverständnisses als deutsche Jüdin, ebenso für Hanna als Nachfahrin von Menschen jüdischer Herkunft, während Jakobs Perspektive deutlich von dem Vertreibungserlebnis der Großeltern geprägt ist.

Im Geschichtsunterricht wurden die persönlichen Erlebnisse der Großeltern und Urgroßeltern so gut wie gar nicht angesprochen. Insbesondere Jakob stört sich daran, dass das Thema „Ostvertreibung/Flucht" kaum thematisiert wurde. Die Forderung einer stärkeren Einbindung der familiären Bezüge wird von vielen gewünscht, wobei Selina dagegen einwendet, dass bei 25 Biografien in einer Schulklasse die Zeit für eine individuelle Beschäftigung mit den einzelnen Lebensgeschichten fehlen könnte.

2. Der gesellschaftliche Umgang mit dem NS

„Durch unsere Vergangenheit konnten wir einiges lernen. Sie hat Deutschland geprägt. Dementsprechend hat sich Deutschland zu dem weiterentwickelt, was es heute ist." (Selina)

Um über einen lebensnahen Bezug der Jugendlichen ins Gespräch zu starten, führten wir zwei Chats, bei denen Schüler und Studierende – getrennt voneinander – über die Bedeutung der NS-Zeit für sie persönlich bzw. für die deutsche Identität nachdenken sollten. Den Aufhänger bildeten Zitate aus dem aktuellen politischen Diskurs über den Umgang mit der Vergangenheit.

Für die beteiligten Schüler ist die NS-Zeit maßgeblicher Teil der bundesdeutschen Identität. So erklärt sie etwa für Philipp *die Entwicklung Deutschlands bis heute.* Alle Chattenden halten es für grundlegend, sich damit auseinanderzusetzen. In diesem ersten Chat entwickelte sich zudem eine interessante Diskussion über die „Schuldfrage". Insbesondere Jakob kritisiert, dass der öffentliche Diskurs nicht immer offen für alle Positionen sei und man schnell in die rechte Ecke gedrängt werden könne.

Die Studierenden wurden mit der vielzitierten Rede Björn Höckes über einen angeblichen „Schuldkult" in der deutschen Erinnerungskultur konfrontiert, die Katja als *respektlos gegenüber den Nachfahren der Opfer* empfindet. Für sie ist Gedenken grundlegend, *um die Vergangenheit nicht in Vergessenheit ... geraten zu lassen.* Insbesondere bei Katja und Katharina zeigt sich eine große emotional-moralische Ablehnung gegenüber einer Verharmlosungsstrategie. Beide fordern, die Erinnerung an diese Zeit auch künftig *ins Gedächtnis zu rücken und darüber nachzudenken*.

Das Gespräch mündete schließlich in einer Diskussion über die Rolle von Emotionen und moralischen Implikationen, bei denen die aus der Fachliteratur und dem öffentlichen Diskurs bekannten Positionen deutlich wurden. Insbesondere Torben fordert einen *normalisierten Umgang* mit der Vergangenheit und kritisiert die *extreme emotionale Betroffenheit*. Obgleich für ihn Emotionen bei der NS-Aufarbeitung unverzichtbar sind, hält er andererseits eine Versachlichung (*Akademisierung*) der Debatte für nötig, um möglichen Abwehrhaltungen, hervorgerufen durch eine Emotionalisierung, vorzubeugen.

Die gesellschaftliche Aufarbeitung der NS-Zeit wurde im weiteren Verlauf unseres Projekts anhand konkreter Aspekte wie z. B. den Grenzen von Kunst oder der Bewertung einer Fußballinitiative gegen Vorurteile vertieft. Die eben erwähnten konträren Grundpositionen – zugespitzt auf der einen Seite von Jakob (Ablehnung von Schuld, Relativsetzung des NS als ein Teil der deutschen Geschichte) und Torben (Normalisierung und Versachlichung statt Betroffenheit), auf der anderen Seite von Katja und Katharina (subjektive Betroffenheit, Einzigartigkeit/Exponiertheit des NS, große Verantwortungsbereitschaft für die Zukunft der Erinnerung) – finden sich auch hier wieder.

Darüber hinaus stand die Frage im Zentrum, ob man über Hitler und den Nationalsozialismus lachen könne, was wir u. a. anhand des Films *Er ist wieder da* aufgriffen. Während Leonie und Torben solche Komödien gut finden bzw. kein Problem damit haben, solche Filme auch im Unterricht anzuschauen, möchte Jakob zwischen Komödien und Satiren (bspw. *Der große Diktator*) differenzieren. Für ihn ist *Er ist wieder da* dann problematisch, wenn beim Publikum das Hintergrundwissen fehlt, um manche Szenen korrekt einordnen zu können, was Katja und Bertram anhand ihrer Erfahrungen bestätigen. Auch bezweifelt Jakob, ob ein solcher Film eine ernste Auseinandersetzung überhaupt möglich macht. Sehr kontrovers wurde dabei diskutiert, inwiefern man solche Filme im Bereich der Bildungsarbeit einsetzen kann. Vor allem in der Schule könnte sich das fehlende Vorwissen für eine Vorführung solcher Filme als problematisch erweisen. Demgegenüber hebt Andreas hervor, dass ein solcher Film durchaus in der Lage sei, Hitler seiner nach wie vor bestehenden *dämonischen Aura* zu berauben.

3. Bildungsarbeit

Es soll daher nicht primäres Ziel des Unterrichts sein, ein zweites Auschwitz zu verhindern, sondern besagtes Ziel soll vielmehr sein, den Schülern eine eigene und eben nicht vorgekaute und vorgefertigte Meinung zu ermöglichen. (Torben)

Uns, die wir täglich in verschiedenen Tätigkeitsfeldern beruflich mit dem Thema „Nationalsozialismus" in Berührung kommen, interessierte ganz besonders die Rezeption der schulischen und außerschulischen Bildungsarbeit durch Jugendliche. Diesen Aspekt beleuchteten wir, indem wir die wesentlichen Ziele und Inhalte der schulischen Holocaust Education aus Sicht der Jugendlichen erfragten.

Die von den Jugendlichen selbst ins Spiel gebrachten Zielsetzungen decken sich mit den Bildungsplanvorgaben der meisten Bundesländer. Hier zeigt sich vermutlich eine bereits starke Vorprägung durch die schulische Laufbahn. Die genannten Ziele lassen sich ordnen in Erkenntnisziele (z. B. *grundlegendes Verständnis der nationalen Historie vermitteln, Hintergrundwissen erarbeiten, um die Entstehung des Nationalsozialismus besser zu verstehen, Analyse menschlicher Gesellschaften, Wissen um Totalitarismus und Faschismus als Theorien, Wissen um Ideologie des NS*), moralisch-politische Zielsetzungen (*die NS-Zeit als Lektion für die moderne Welt begreifbar machen, Schüler neugierig machen und nicht demotivieren, dass sie sich im Idealfall auch außerhalb der Schule damit beschäftigen, Wiederholung der Geschichte vermeiden*) und das Gedenken (*Ehrung und Erinnerung an die Opfer aufrechterhalten, Respekt für die Opfergruppen/Nachkommen*).

Ausgehend von den Zielen und wesentlichen Inhalten entwickelte sich eine Diskussion über den Stellenwert des Themas im Geschichtsunterricht sowie die Wirksamkeit dieses Unterrichtsfachs als Orientierungsrahmen zur eigenen Lebenswelt der Jugendlichen. Für alle besitzt das Thema nach wie vor eine exponierte Stellung, allerdings wird deutlich, dass es aufgrund seiner bisherigen Alleinstellung extrem komplex zu unterrichten ist. Als neuralgische Punkte wurden u. a. die häufige Wiederholung (*ich muss aus Sicht eines Schülers sagen, dass gerade in letzter Zeit, da wir uns wieder in verschiedenen Bereichen dem NS gewidmet haben, viele schon genervt davon sind ... immer dasselbe durchzukauen*), die Betroffenheitspädagogik und die Versuche einer Beeinflussung der Schüler genannt, was vor allem Torben mehrfach hervorhob. Als weiteres Problem identifizierte er die häufige Reduktion des Themas auf Auschwitz (*den Gipfel des Bösen der Moderne*), wodurch aber der Alltag und eine auf Zustimmung basierende Diktatur, die ja vielmehr Anknüpfungspunkte für heutige Entwicklungen aufzeigen könnten, ausgeblendet würden.

Beim Medien- und Methodeneinsatz wurde vor allem vertieft über Dokumentar- und Spielfilme diskutiert. Als Aufhänger wählten wir die auch als „Histotainment" bekannten Dokumentationen von Guido Knopp, die in der geschichtsdidaktischen und -wissenschaftlichen Diskussion besonders kontrovers beleuchtet werden.

Gerade dieser Chat ist aus unserer Sicht besonders gelungen. Die Jugendlichen beschränkten sich meist auf knappe Stellungnahmen und gingen aufeinander ein. Somit erreichte der Chat die erforderliche fachliche Tiefe und kratzte nicht nur an der Oberfläche. Ferner zeigt die Diskussion einen unserer Meinung nach einigermaßen idealtypischen Aufbau eines Chat-Gesprächs. Durch einen gezielten anfänglichen Impuls wurden schnell die Hauptkritikpunkte an Knopps Dokumentationen ihren Vorzügen gegenübergestellt. Hierauf aufbauend konnten wir Moderatoren durch unsere Impulse weitere Aspekte der Thematik beleuchten (Anforderungen an Dokumentarfilme im Geschichtsunterricht, Lehrerrolle, Spielfilme im Geschichtsunterricht, Einsatzmöglichkeiten). Abgerundet wurde der Chat durch ein Fazit, mittels dessen die Chattenden ihren eigenen Erkenntnisgewinn beleuchten sollten.

4. Widerstand und Gedenkstätten – Chats mit Experten

Eine besondere Lernchance einer solchen Chatgruppe – wie noch ausführlicher beleuchtet wird – ist die Einbindung von Experten/innen, die mit den Jugendlichen aus ihrer Perspektive und in ihrer Rolle auf verschiedene Aspekte eingehen können.

4.1 Konnte man dem Nationalsozialismus widerstehen?

Ideal sollte eine Beschäftigung mit Widerstand natürlich deutlich machen, dass es möglich ist, auch gegen eine nach Ausgrenzung und Vernichtung strebende Mehrheit unter Einsatz großen Mutes Widerstand zu leisten. (Jakob Flemming)

Zum Thema „Widerstand" erklärte sich Thomas Altmeyer, der wissenschaftliche Leiter des Studienkreises Deutscher Widerstand 1933-1945 in Frankfurt, bereit, mit den Jugendlichen ins Gespräch zu kommen. Mit ihm wurde vereinbart, eine moderierende Rolle einzunehmen, um Impulse für die Diskussion zu setzen. Dadurch sollte der Eindruck vermieden werden, dass ein Experte als eine Art Ersatzlehrer auftritt.

Das Gespräch begann mit einem Brainstorming, indem wir fragten, was für die einzelnen Chattenden „Widerstand" bedeute. Hier wurde ein breites Spektrum an Definitionen abgebildet (Marco: *Kampf oder Arbeit gegen ein Herrschaftssystem, häufig aber nicht unbedingt politisch*; Katharina: *Ich würde Widerstand abgrenzen vom Nonkonformismus, als bloße Abwesenheit von Mitwirkung am Herrschaftssystem. Nach diesem Widerstandsverständnis wäre die aktive Tat dann konstituierend*; Jakob Höhl: *Für mich ist Widerstand ein aktiver Kampf gegen ein System oder eine Gruppierung.*). Im Anschluss ging es darum, welche Handlungsspielräume bestimmte Berufsgruppen (z. B. Lehrer) aber auch damalige Jugendliche gehabt hätten, dem NS-Regime zu widerstehen. Auch wurden einzelne weit bekannte Figuren und Gruppierungen des deutschen Widerstands wie Stauffenberg, Georg Elser oder die Weiße Rose beurteilt. Darüber hinaus führte uns die Diskussion zu der Frage, wie mit einer Stilisierung von einzelnen Widerstandskämpfern als „Helden" umgegangen werden sollte.

4.2 Brauchen wir heute noch Gedenkstätten?

Der große Mehrwert an (gut konzipierten) Gedenkstätten liegt darin, zu irritieren, zum Nachdenken anzuregen und zwar nachhaltig. (Katharina Müller)

Einen zweiten Chat mit Experten führten wir zum Thema „Gedenkstättenarbeit". Bei dieser Diskussion fungierten Thomas Altmeyer und Andreas Pflock als Experten.

Thematisch ging es um die Aufgaben von Gedenkstätten im Allgemeinen, die besondere Atmosphäre bei einem Gedenkstättenbesuch, die Chancen und üblichen Herausforderungen in der Praxis der Gedenkstättenpädagogik. Der Kern des Chats bestand aus einem gemeinsamen Austausch über das Spannungsfeld von Gedenkstätten zwischen Information, Irritation, Emotionalisierung, Moralisierung und Politisierung. (Selina: *Man braucht nicht mal ein großes Vorwissen, um dafür Emotionen zu entwickeln. Das kommt auch durch die Atmosphäre und die Umgebung. Dieses Jahr habe ich mit meiner Klasse das erste Mal eine Gedenkstätte besucht. Wir waren im KZ Buchenwald. Meine Klasse hatte das Thema „NS" noch nicht gehabt und wir hatten auch nicht wirklich viele Infos zum KZ. Trotzdem waren viele bedrückt. Alle saßen danach schweigend im Bus und einigen wurde ein wenig schwindelig dort. Und einige waren traurig und schockiert über das, was sie gesehen hatten*; Torben: *Mein Plädoyer: Gedenkstätten zum Gedenken, nicht zur politisch gelenkten Meinungsbildung, sondern zur freien und individuellen*; Katja: *Die Gedenkstätten meiner Meinung nach müssen versuchen, uns an das Geschehene zu erinnern, geht aber natürlich auch nicht ohne eine politische Implikation*). Sehr intensiv gestaltete sich vor allem die Diskussion über die politische Funktion von Gedenkstätten, die Andreas Pflock ins Spiel brachte, indem er die an Gedenkstätten immer wieder gestellte Erwartung wiedergab, sie hätten *Festungen der Demokratie* zu sein. Insbesondere dieser teilweise völlig überhöhte Anspruch wurde im Anschluss ausführlich diskutiert (Torben: *Diesen Ansatz finde ich einigermaßen problematisch, da somit die Erinnerung zu Zwecken der Staatsräson genutzt wird. Das ist zwar hier in der Sache kein Problem, aber in der Funktion ist es genau das, was wir dem NS (und anderen unliebsamen Systemen) immer vorwerfen: den Ge- und Missbrauch von Geschichte für die politische Legitimation.*).

DER CHAT.
ERINNERUNGSDISKURS DIGITAL

Vorbemerkung: Den vorliegenden Chat haben wir im Zeitraum von September bis Dezember 2017 durchgeführt. Die jeweiligen Tage, an denen die Gespräche stattfanden, sind vermerkt, die Uhrzeiten wurden der Lesbarkeit halber aus dem Text herausgekürzt. Die Aussagen der Chattenden wurden orthographisch und syntaktisch überarbeitet, einzelne Textteile umgestellt, um Bezüge der Aussagen untereinander besser darzustellen. Der Inhalt der Aussagen wurde an keiner Stelle verändert. Verweise im Text finden sich im Anhang.

Um die einzelnen Gruppen besser unterscheiden zu können, sind die Schüler weiß, die Studenten magenta, die Moderatoren grün und die Experten grau hinterlegt. Die Fotos der Chattenden tauchen immer bei der jeweils ersten Aussage im aktuellen Gespräch auf oder dann, wenn sich ein Teilnehmer nach längerer Zeit wieder äußert.

„SIE BETREFFEN UNSERE IDENTITÄT HEUTE NICHT MEHR."
WAS GEHT EUCH DIE GESCHICHTE AN?

In diesem Kapitel chatten nur die Schüler.

23. September 2017

ANDREAS SCHULZ: Wenn morgen der neue Bundestag gewählt wird, zieht höchstwahrscheinlich auch eine Partei ins Parlament ein, deren Spitzenkandidat vor zwei Wochen folgendes über die Zeit des NS-Regimes gesagt hat: „Man muss uns diese zwölf Jahre nicht mehr vorhalten. Sie betreffen unsere Identität heute nicht mehr."[2] Für uns, die wir in der Erinnerungsszene arbeiten, klingt so eine Aussage erstmal haarsträubend. Erstens, weil es vermutlich kaum noch jemanden gibt, der uns diese Zeit heute noch „vorhalten" möchte. Der Satz ist also aus meiner Sicht eine pure Unterstellung. Zweitens, weil ich persönlich durchaus glaube, dass diese Zeit maßgeblich zur Identität Deutschlands beigetragen hat. Mich würde aber jetzt erst einmal interessieren, wie ihr zu solch einer Aussage steht.

PHILIPP HACK: Meiner Meinung nach haben diese Jahre nicht nur zu unserer Identität beigetragen … Diese Zeit erklärt die Entwicklung Deutschlands bis heute. Und für diejenigen, die verstehen möchten, wieso Deutschland sich auf diese Art entwickelt hat, ist das ein wichtiger Punkt, der nicht einfach in Vergessenheit geraten sollte. Abgesehen davon finde ich es sehr sinnvoll, sich mit der Vergangenheit zu beschäftigen, um Menschen klar zu machen, was falsch und richtig war, um so daraus lernen zu können.

Dass uns die NS-Zeit keiner mehr vorhält, sehe ich genauso. Kaum einer würde sagen, dass die heutigen Deutschen an irgendetwas noch Schuld tragen. Was „Schuld" betrifft, geht es ausschließlich um die Deutschen der Vergangenheit. Die Frage ist doch aber, wie intensiv, ab welchem Alter und auf welche Art man sich mit der NS-Zeit beschäftigen sollte.

BERTRAM NOBACK: Genau meine Meinung: Ohne den Nationalsozialismus kann man Deutschland 2017 nicht verstehen!

VIVIEN FRITSCH: Ich bin auch der Meinung, dass die zwölf Jahre uns heute noch sehr wohl betreffen und maßgeblich beeinflussen, sicher würde ohne diese Zeit heute vieles anders aussehen.

SELINA TAUSCHMANN: Durch unsere Vergangenheit konnten wir einiges lernen. Sie hat Deutschland geprägt. Dementsprechend hat sich Deutschland zu dem weiterentwickelt, was es heute ist.

JAKOB HÖHL: Dass niemand uns die zwölf Jahre vorhalten möchte, sehe ich ein wenig anders. Ich erinnere mich gerade an die Zeit der Grexit-Gespräche, als in mehreren Zeitungsartikeln entweder Personen zitiert wurden, die unsere Bundeskanzlerin mit Adolf Hitler verglichen haben, oder als eine Gruppe Griechen ein Plakat von Angela Merkel mit Hitlerbart und Swastika am Arm in die Kamera hielten. Und auch bei der Flüchtlingskrise 2015 hatte ich persönlich das Gefühl, dass Deutschland gar nicht die Möglichkeit gehabt hätte, die Flüchtlingsströme abzulehnen, so wie viele andere EU-Staaten es ja getan haben, ohne daraufhin einen internationalen Shitstorm zu erleben.

Auch Erdoğan hat vor nicht einmal drei Wochen zum wiederholten Male deutsche Politiker als Nazis bezeichnet oder ihnen faschistisches Handeln vorgeworfen.

Ich glaube daher sehr wohl, dass die Angst, wieder von anderen als Nazis angesehen zu werden beziehungsweise mit Nazis verglichen zu werden, unsere Politik ebenso wie unsere deutsche Kultur bis heute maßgeblich beeinflusst.

PHILIPP HACK: @Jakob, solche Vorwürfe kann aber auch keiner verhindern. Es ist nun mal das bestimmende Thema, an das man denkt, wenn man ein seiner Meinung nach radikales und falsches Handeln der deutschen Regierung mit der Geschichte vergleichen möchte. Ich sehe die Aussage, mit der wir gestartet sind, jedoch eher an die Bürger gerichtet und nicht nur an die Regierung ... also dass die Bürger nicht mehr an diese zwölf Jahre erinnert werden sollen, da sie mittlerweile andere sind. Deswegen denke ich nicht, dass wir als deutsche Bürger ständig bei unserem Handeln im Hinterkopf haben müssen, dass wir nicht mit Nazis verglichen werden wollen.

Ich denke, jeder selbst hat aus den Fehlern der früheren Generationen gelernt und sich so eine eigene Identität gebildet, wobei dieses Thema vermutlich bei jedem irgendwo seinen Platz findet. Aber es ist weniger eine Angst, als Nazis bezeichnet zu werden, als eine Selbstverständlichkeit sich davon zu distanzieren, weil es den eigenen moralischen Vorstellungen heutzutage eben nicht mehr entspricht.

24. September

BERTRAM NOBACK: Ist es eine Bürgerpflicht, sich mit seiner Vergangenheit zu beschäftigen?

VIVIEN FRITSCH: Ich finde es generell wichtig, dass sich jeder mit der Geschichte unseres Landes beschäftigt, und dazu gehören nun mal auch diese grausamen zwölf Jahre.

PHILIPP HACK: Natürlich ist es wichtig, sich mit der Vergangenheit zu beschäftigen!
(Wie sonst sollte man aus den Fehlern und dem Guten früherer Generationen lernen?) Ich habe mich lediglich gegen die „stetige Angst, als Nazis bezeichnet zu werden" ausgesprochen.
Aber abgesehen davon gehört es meiner Meinung nach zum Allgemeinwissen, dass die Menschen etwas über die Geschichte ihres Landes und ihrer Bürger wissen. Deswegen lernt jeder heutzutage ja auch so vieles darüber in der Schule. Und einen wichtigen Teil nehmen dabei eben die zwölf Jahre Nationalsozialismus ein.

JAKOB HÖHL: Auch das sehe ich anders. In unserer deutschen Gesellschaft haben wir eine Denkweise, in der alle Rechten erst mal als Nazis gelten, Vertreter des konservativen Spektrums ihre Sätze mit: „Ich bin zwar kein Nazi, aber ..." beginnen müssen und die Begriffe „rechts" und „Nazi" häufig gleichgestellt werden. Ich glaube demnach schon, dass man hier von einer Angst vor dem Nazivergleich reden kann.

PHILIPP HACK: Denkst du bei deinem Handeln immer darüber nach, ob man es in irgendeiner Weise mit dem Handeln im Nationalsozialismus vergleichen könnte?

JAKOB HÖHL: Aber als „rechts" denkender Mensch in Deutschland kann man sich eben nicht genauso offen aussprechen und präsentieren wie z. B. ein eher liberal oder links Denkender. Daher glaube ich schon, dass es sich ein rechts denkender Mensch teilweise zweimal überlegt, ob er seine Meinung jetzt öffentlich kundtut, weil er sonst von der Öffentlichkeit als Nazi abgestempelt werden könnte.

BERTRAM NOBACK: @Jakob: Ab wann ist für dich jemand in Deutschland politisch rechts? Denn zwischen einem konservativ Denkenden und einem Gauland, einem Höcke oder gar NPD-Anhängern besteht meiner Meinung nach ein meilenweiter Unterschied …

JAKOB HÖHL: Ich finde, es gibt einen riesigen Unterschied zwischen den meisten modernen Rechten, die größtenteils Angst vor „Überfremdung" und Kulturverlust verbreiten und den Anhängern der NS-Diktatur, die es sich damals auf die Fahnen geschrieben hat, die Welt zu dominieren und alle Andersdenkenden zu vernichten.

ANDREAS SCHULZ: Gerade aber die Herren Gauland und Höcke spielen meiner Meinung nach bewusst an der Grenze zur rechtsextremen Meinung. Diese Teile der AfD versuchen den Bürgern die Angst vor rechtsextremem Gedankengut zu nehmen, indem sie historische Tabubrüche immer mehr in die Mitte der Gesellschaft rücken und einen Konsens in Frage stellen, der bis dahin weitestgehend akzeptiert war.

JAKOB HÖHL: Aber sollte in einer starken Demokratie nicht eigentlich sow esc jede Denkweise „gesellschaftsfähig" sein? Andreas Schulz: Solange sie auf demokratischem Fundament steht, ja. Andererseits könnte man aber auch fragen: Differenzieren wir heute zu wenig? Also missbrauchen wir vielleicht manchmal die Erinnerung an die NS-Zeit, um andere als Nazis zu brandmarken? Das heißt ja im Umkehrschluss, wir müssten uns noch mehr – oder zumindest noch differenzierter – mit Vergangenheit beschäftigen, um nicht vorschnell zu verurteilen …

SELINA TAUSCHMANN: Ich finde, es sollte ein gewisses Grundwissen zu der Vergangenheit vorhanden sein, wer sich in seiner Freizeit nicht weiter damit beschäftigen will, muss es aber auch nicht tun.

PHILIPP HACK: @Selina, bin komplett deiner Meinung!

JAKOB HÖHL: @Andreas, genau das glaube ich. Wir benutzen die enorme Last unserer Geschichte, um ein komplettes politisches Lager an den Rand der Gesellschaft zu drängen. Linkes Gedankengut ist im Gegensatz dazu heute ja auch noch toleriert, obwohl unter Mao und Stalin im Kommunismus ebenfalls Millionen Menschen gestorben sind.

PHILIPP HACK: Wobei aber dieser Teil der Geschichte in Deutschland eben nicht so auf unseren Schultern lastet, wie die NS-Zeit …

JAKOB HÖHL: Na klar. Weil wir in der Schule drei Jahre mit der NS-Zeit konfrontiert werden. Über die menschenverachtenden Zustände im Kommunismus lernt man dagegen quasi nichts.

PHILIPP HACK: Da stellt sich mir jetzt eher die Frage: Wieso beleuchten wir in der Schule den NS-Bereich so ausführlich, aber dafür andere, wie den Kommunismus, kaum? Vielleicht auch mal eine interessante Frage an @Bertram Noback.

BERTRAM NOBACK: Weil der Nationalsozialismus zum Gründungsmythos der BRD gehört. Aber das Thema „NS" hat im Bildungsplan den gleichen Stellenwert wie die DDR und die Nachkriegszeit. Ich habe das nie länger als zwei bis drei Monate unterrichtet.

ANDREAS SCHULZ: Dazu kommt, dass mit den neuen Bildungsplänen beispielsweise in Baden-Württemberg nun auch verstärkt auf die Sowjetunion und die Armenier-Frage eingegangen werden soll. Die Themen „Verfolgung und Ermordung" und „Diktatur" werden künftig vermehrt auch aus internationaler Perspektive angegangen. Dennoch hatte auch ich rückblickend das Gefühl, dass ich mit dem Thema „NS" in der Schule überladen wurde. Wenn ich mir allerdings mal den Lehrplan von damals anschaue, kann das aber eigentlich gar nicht sein, dass das Thema so viel Raum eingenommen hatte.

BERTRAM NOBACK: Hatten die anderen ähnliche Gefühle wie Jakob oder Andreas?

SELINA TAUSCHMANN: Kann ich nicht sagen, da das Thema jetzt erst im Unterricht auftaucht.

VIVIEN FRITSCH: Ich finde es bis jetzt nicht zu viel, ich denke einfach, dass es abhängig vom jeweiligen Interesse eines Schülers für das Thema ist.

ANDREAS SCHULZ: Das mag sein. Für Geschichte habe ich mich damals noch nicht interessiert. Trotzdem ist mir die NS-Zeit aus dem Schulunterricht präsenter als beispielsweise die DDR oder die Revolution von 1848.

JAKOB HÖHL: Das Thema betrifft uns ja nicht nur in der Schule. Man muss nur mal ins Programm von ZDF-History gucken. Ich habe dort nur sehr selten mal eine Dokumentation über die DDR gesehen. Aber allein die Dokumentation „Hitler – Aufstieg des Bösen" läuft dort gefühlt wöchentlich.

BERTRAM NOBACK: Dann hätte ich als Lehrer an alle Schüler mal die Frage: Was können wir besser machen in der schulischen Vermittlung über den NS? Bzw. was erwartet ihr von uns?

PHILIPP HACK: Na ja, was heißt „besser machen"? Ich persönlich empfinde es manchmal so, dass man, natürlich nicht immer und von jedem, den Nationalsozialismus als etwas beigebracht bekommt, was einen selbst betroffen hat und deswegen „wichtiger" ist als andere Themen. Ich denke, wenn man z. B. den Stalinismus intensiver beleuchtet und für Schüler zugänglicher macht, auch wenn er das eigene Land nicht so sehr betroffen hat, würde das schon einiges in der Wahrnehmung ändern. Es ist allerdings aber auch so, dass man in Deutschland leichter ein KZ besuchen kann, weil es eben in der Nähe ist, und so den Terror aus der Nähe erklären kann.

JAKOB HÖHL: Ich glaube, dass man sich mehr mit den Ursachen für die Ausbreitung des NS auseinandersetzten sollte und nicht so sehr mit den Folgen. Ich halte es für die heutige Zeit von viel größerer Bedeutung zu wissen, wie ein paar zuvor völlig unbedeutende Menschen es geschafft haben, ein ganzes Volk in Rekordzeit hinter sich zu vereinen und für ihre kranken Zwecke zu verwenden, als z. B. den Inhalt der Wannseekonferenz ausführlich zu besprechen. Natürlich sollten die unmenschlichen Verbrechen der Nazis immer noch Teil des Unterrichts sein. Aber ich wüsste nicht, was ich aus einem Vortrag über die genaue Organisation des Holocausts, bzw. der einzelnen Konzentrationslager für die heutige Zeit lernen sollte.

In diesem Kapitel chatten nur die Studierenden.

26. September

ANDREAS SCHULZ: In letzter Zeit ist immer häufiger in der Öffentlichkeit der Satz zu hören, man solle endlich mit dem „Schuldkult" aufhören, die deutsche Vergangenheit sei beendet, sie betreffe unsere Identität nicht mehr. Ihr seid einerseits als Studierende selbst noch so jung, dass ihr kaum noch persönliche Bezüge zur NS-Zeit habt, andererseits betrifft euch die Geschichte aber schon – spätestens wenn ihr sie in ein paar Jahren unterrichten werdet. Wie geht ihr mit solchen Aussagen um?

KATJA ZHOLKOVSKA: Ich persönlich finde Aussagen dieser Art respektlos gegenüber den Nachfahren der Opfer, aber vor allem zeigt es, dass die Menschen bisher nicht verstanden haben, wie wichtig es ist zu gedenken, um die Vergangenheit nicht in Vergessenheit geraten zu lassen. Gerade jetzt sieht man beispielsweise an der AfD, die in den Bundestag eingezogen ist, dass die rechte Szene trotz der Erinnerungskultur, die wir mit aller Kraft versuchen aufrecht zu erhalten, immer stärker wird. Was passiert, wenn wir also das Erinnern und Gedenken vollkommen aufgeben?

ANDREAS SCHULZ: Du siehst also einen direkten Zusammenhang zwischen Erinnerungsarbeit und dem Verhindern rechter Tendenzen?

KATJA ZHOLKOVSKA: Ich finde, das hängt schon irgendwie zusammen. Wenn man den Menschen nicht versucht ans Herz zu legen, sich mit dem Thema zu beschäftigen, oder wenigstens einfach nicht zu vergessen, zu was das alles führen kann, dann entstehen meiner Meinung nach mehr und mehr Szenen, die das ausnutzen.

ANDREAS SCHULZ: Dann möchte ich mal provokativ fragen: Was haben Leute wie ich, die jeden Tag an dem Thema arbeiten, um es anderen zu vermitteln, dann in der letzten Zeit falsch gemacht?

KATJA ZHOLKOVSKA: Das ist eine krasse Frage! Ich finde es schwer, darauf eine Antwort zu finden … Ich glaube nicht, dass man in diesem Fall von einer „Schuldfrage" sprechen darf!

ANDREAS SCHULZ: Habt ihr denn den Eindruck, die Gegenmeinung zu solchen Aussagen wie der von Gauland oder Höcke ist genauso präsent in der Öffentlichkeit? Ich selbst bin nämlich mittlerweile sehr unsicher, was wir in der Erinnerungsarbeit eventuell noch einmal neu erklären müssen, in einer Zeit, wo sich alte Gewissheiten im öffentlichen Diskurs aufzulösen scheinen.

KATHARINA MÜLLER: Ich stimme Katja zu. Die Tatsache, dass solche Aussagen wie die von Herrn Gauland öffentlich ohne Scham getroffen werden und dass die Zustimmung offenbar derartig groß ist, schockiert mich und ich frage mich auch oft, wie ich Schülern begegnen kann, um ihnen die unbedingte Relevanz der Thematik deutlich zu machen, ohne dabei so belehrend zu wirken. Wo entwickeln sich Empathie, Gerechtigkeitsempfinden und Reflexionsvermögen? Ich fühle mich in jedem Falle verantwortlich als angehende Lehrerin.

KATJA ZHOLKOVSKA: Na ja, es kann schon sein, dass man Schülergenerationen, die sich schon seit mehreren Klassenstufen mit dem Thema beschäftigen, nicht mehr viel dazu erklären muss. Das bedeutet aber nicht, dass man das, was man darüber gelernt hat, nicht jedes Jahr zum Gedenktag abrufen kann, um die Vergangenheit einfach mal ins Gedächtnis zu rücken und darüber nachzudenken. Dennoch muss man den kommenden Generationen und denen, die gerade in das richtige Alter dafür kommen, um sich damit zu beschäftigen, alles von vorne erklären.

KATHARINA MÜLLER: Dazu muss ich jetzt einfach Brecht auspacken … aktueller denn je:

Bertolt Brecht – *Das Gedächtnis der Menschheit* (1952)
Das Gedächtnis der Menschheit
für erduldete Leiden ist erstaunlich kurz.
Ihre Vorstellungsgabe für kommende
Leiden ist fast noch geringer.
[…]
Lasst uns das tausendmal Gesagte immer wieder sagen,
damit es nicht einmal zu wenig gesagt wurde!
Lasst uns die Warnungen erneuern,
und wenn sie schon wie Asche in unserem Mund sind!
[…]

BERTRAM NOBACK: Ich lese aus Katjas und Katharinas Beiträgen eine Art moralischen Imperativ heraus, der meiner Meinung nach ein Grund für die Verdrossenheit vieler Schüler gegenüber diesem Thema ist.

ANDREAS SCHULZ: Kannst du in diesem Kontext kurz mal erklären, was du mit „moralischem Imperativ" meinst?

BERTRAM NOBACK: Eine moralische Pflicht, sich an die NS-Zeit zu erinnern. Eine gut gemeinte Absicht, die aber wie ein ewig andauerndes Schuldgefühl rüberkommen kann und daher zwangsläufig auf Ablehnung stoßen wird!

KATHARINA MÜLLER: Ja, ich neige sicherlich dazu, bei dem Thema moralisieren zu wollen beziehungsweise bisher gar nicht anders zu können, weil sich mir bei manchen Äußerungen die Nackenhaare aufstellen … Und genau das beschäftigt mich ja. Wie geht es besser?

TORBEN HOYER: Um die Ausgangsfrage mal etwas anders zu beleuchten und kontroverser zu beantworten: Es scheint, als ob in der öffentlichen Meinung nur eine explizite und oft kontextlose Aufweisung der Verbrechensdimension oder eine krasse Distanzierung und Abwehr dem Thema gegenüber oder aber schließlich eine extreme emotionale Betroffenheit des konstruierten abstrakten Entsetzens möglich ist. Alle drei Reaktionsmuster sind aber auf ihre Weise Extreme. Ein „normaler" Umgang mit der Vergangenheit scheint beinahe unmöglich.

ANDREAS SCHULZ: Was wäre denn ein normaler Umgang?

TORBEN HOYER: Einer, der nicht von der Ambivalenz zwischen kognitivem Wissen und emotionaler Vorstellung lebt. Dies ist, so finde ich, in der dritten Generation (also unserer) auch zunehmend zu beobachten: Eine Bindung zwischen Politikbewusstsein und familiengeschichtlich geprägter Einstellung zum NS nimmt ab.

BERTRAM NOBACK: Ich verstehe die Emotionalität bei dem Thema. Ich habe all die historischen Berichte gelesen. Alle Emotionen sind zulässig. Aber kann man in so einer Stimmung frei nachdenken? Man muss Schülern den Raum lassen selbst zu entscheiden, ob und wie sie das Thema an sich ranlassen. Alles andere ist „Zwangsbeglückung".

TORBEN HOYER: Es muss eine Entemotionalisierung der Debatte stattfinden. Das heißt nicht, dass das Gespräch nur noch rational geführt werden soll, sondern vielmehr, dass die familiäre und damit also persönlich involvierende Komponente zumindest in der öffentlichen Debatte wegfallen sollte.

KATJA ZHOLKOVSKA: Aber was ist das Thema ohne persönliche Geschichten? Bald sind alle Menschen, die den Holocaust noch selbst erlebt haben, tot. Sie haben uns alles erzählt, was sie erlebt und durchgemacht haben, ihr Leid! Wie kann man an das Thema ohne Emotionen rangehen? Klar muss man aufpassen, dass man nicht übertreibt, aber trotzdem müssen Emotionen zugelassen werden!

BERTRAM NOBACK: Geht Auschwitz ohne Emotion?

KATJA ZHOLKOVSKA: Nein!!!

TORBEN HOYER: Nein, nicht ohne Emotionen.

KATHARINA MÜLLER: Nein!!!

ANDREAS SCHULZ: Der Besuch von oder die Diskussion über Auschwitz?

TORBEN HOYER: Auschwitz muss auf mehr als nur der Betroffenheitsebene funktionieren können. Es muss auch ein akademischer Diskurs darüber möglich sein.

KATJA ZHOLKOVSKA: Aus meiner Sicht muss man, wenn man Kindern und Jugendlichen das Thema näherbringt, alle Emotionen, die die Kinder haben, zulassen und auf ihnen aufbauen. Oder sehe ich das falsch?

TORBEN HOYER: Stimmt. Aber man darf eben auch keine vorgeben. Und oft genug funktioniert das aber leider so.

KATJA ZHOLKOVSKA: Nein natürlich nicht, man darf keine Emotionen vorgeben.

TORBEN HOYER: Ganz nach dem Muster: „Wir gucken jetzt *Schindlers Liste* und dann sind wir alle betroffen."

KATHARINA MÜLLER: Nein, man darf keine Emotionen vorgeben! Aber man sollte Jugendlichen die Möglichkeit geben, sich auf ihre Weise damit auseinanderzusetzen. Es geht so oder so jeder Mensch anders damit um.

TORBEN HOYER: Fazit: Das war ja alles so grausam. Nazis = böse?!

BERTRAM NOBACK: Aber Torben: Ich denke gerade an einen Bericht, den ich mal gelesen habe: Nach einer Vergasung lebt noch ein an der toten Mutter saugender Säugling. Ein SS-Mann entreißt ihn der Mutterbrust und wirft ihn gegen die Wand. Wenn ich so etwas lese, könnte ich heulen!!!

TORBEN HOYER: Das ist ein brutaler, kaltblütiger Mord. Aber das alleine ist auch nicht Auschwitz. Auschwitz ist nur über Systeme und Prozesse, über Mechanismen von Nationalismus und Rassismus etc. zu verstehen.

KATHARINA MÜLLER: Ich denke zum Beispiel daran, zu Zeugnissen aus Lagern die Fakten über das System hinzuzuziehen. Manche berührt es, manche sehen es als Zusatzinfo. So zwingt man sie doch nicht zu Betroffenheit oder?

KATJA ZHOLKOVSKA: Ich glaube aber ehrlich gesagt auch, dass die Schüler irgendwo Gefühle sehen müssen. Sie müssen doch auch sehen, dass man selbst nicht kalt ist und dass es in Ordnung ist, wenn man dabei etwas fühlt.

TORBEN HOYER: Limitieren wir den Diskurs über Auschwitz auf solche Beispiele, dann ist das Betroffenheitsunterricht.

BERTRAM NOBACK: Diese Beispiele entsprechen aber der Wahrheit. Trotzdem weglassen?

ANDREAS SCHULZ: Aber solche Gräueltaten kann ich ja einfach auf Vergangenes, auf das Handeln und die Verantwortung damalig Lebender abschieben. Also kann ich doch genauso gut auch an die Hexenverbrennung im Mittelalter erinnern, oder?

TORBEN HOYER: Eben das ist mein Punkt, @Andreas: Auschwitz ist eben keine unglückliche Ansammlung von Morden, sondern der Gipfelpunkt eines Prozesses. Es ist Ausdruck eines Systems und einer Ideologie und nur so zu verstehen.

KATHARINA MÜLLER: Aber das sagt doch auch keiner, dass man solche Zeugnisse weglassen soll! Und selbstverständlich gehört auch das Verstehen des Prozesses, der Systematik usw. dazu. Ohne Frage!

ANDREAS SCHULZ: Und ich glaube, das ist der Punkt, die Frage, an der wir heute ansetzen müssen, wenn wir das Thema vermitteln: Was steht am Anfang der Entwicklung?

TORBEN HOYER: Das ist eine große geschichtliche Fragestellung.

ANDREAS SCHULZ: Andererseits missbrauchen auch gerade jene, die die Erinnerungsarbeit für beendet erklären wollen, genau jene Frage für ihre Zwecke. Viele von ihnen glauben, dass sie es sind, die in einem Regime von Merkel und Co. leben, nicht dass sie es sind, denen das „Wehret den Anfängen" gilt.

KATHARINA MÜLLER: Ja einfach abartig.

TORBEN HOYER: Reichsbürgertum etc. ist so absurd, das lässt sich argumentativ nicht durchdringen.

KATHARINA MÜLLER: Wie der Holocaust möglich werden konnte, ist wirklich eine große Frage. Klar für mich ist, dass heutige Entwicklungen uns alarmieren sollten! Wo Rassismus und Nationalismus öffentlich stattfinden können, ist es bis zur Ausgrenzung und zu nächsten Schritten nicht allzu fern.

BERTRAM NOBACK: Denkt mal Adorno sinngemäß: dass es möglich war, zeigt dass es möglich war! Muss man nicht gerade jetzt angesichts der AfD in eine Erinnerungsoffensive gehen? Im Sinne von „wehret den Anfängen"?

TORBEN HOYER: Nein, dadurch trägt man erst recht zur Polarisierung der Debatte bei.

KATJA ZHOLKOVSKA: Vielleicht muss man heutzutage einen anderen Ansatz finden, an das Thema heranzugehen. Auch anpassen an die Jugend und nicht nur stumpfen Unterricht dazu, der meist super langweilig und trocken ist.

TORBEN HOYER: Mit dem Vergleich AfD = Aufstieg des Vierten Reichs?

BERTRAM NOBACK: Also der AfD nicht noch eine Bühne geben, indem man aufklärt?

KATHARINA MÜLLER: Es fällt mir so schwer, mich in einen AfD-Wähler hineinzuversetzen … Keine Ahnung, was da etwas bewirken kann. Aber ich befürchte auch, dass eine „Erinnerungsoffensive" gerade Gegenteiliges bewirken könnte.

BERTRAM NOBACK: Ja schon. Der Vergleich hinkt ja auch. Ohne jetzt geschichtsphilosophisch über die Wiederholung von Geschichte zu diskutieren … aber: Soll man bei der Verschiebung roter Linien des demokratischen Diskurses und bei einer Geschichtsklitterung schweigen?

KATHARINA MÜLLER: Ich kann das jedenfalls nicht!

BERTRAM NOBACK: Abschlussrunde für heute: Könnte jeder noch ein Kurzstatement zum heutigen Chat abgeben? Mein Fazit: Auch nach mehr als zehn Jahren, in denen ich dieses Thema an der Uni lehre, bleibt es extrem anspruchsvoll und problembehaftet!

KATJA ZHOLKOVSKA: Ich denke nicht, dass das Thema jemals einfach werden wird! Und selbst wenn man (wie wir) *ein* Ziel verfolgt, gibt es dennoch Meinungsverschiedenheiten.

KATHARINA MÜLLER: Ich bin jetzt schon dankbar für neue Denkanstöße und denke, dass es genau das ist, worum es geht: seine eigenen Denkmuster zu reflektieren, offen für andere Ansätze zu sein und ggf. dazuzulernen. Dass der Chat komplex und manchmal auch nervenaufreibend wird, war zu erwarten.

HANNA DETERING: Für mich ist das Ganze ein sehr emotionales und wichtiges Thema. Vor allem, da ich mich darüber schon sehr oft mit meinen Großeltern (die jeweils auf gegenüberliegenden Seiten standen) unterhalten habe und das Thema auch immer wieder aufkommt. Jedes Mal. Ich kann mir die Grausamkeit dieser Zeit nicht vorstellen, bzw. wie genau es zu solchen Gräueltaten kommen konnte. Daher denke ich, dass es unumgänglich ist, sich mit diesem Thema zu befassen. Vielleicht in einer etwas anderen Form, als dies im Moment in Schulen der Fall ist. Auch mir wird es später als Lehrerin schwer fallen, nicht zu emotional zu werden – und das nicht aufgrund meines persönlichen Bezugs zu der Geschichte, sondern aufgrund der Vorstellung und der Tatsache, dass dies passieren konnte.

Ich stimme Katharina besonders in ihrem letzten Statement zu, dass es darum geht, Menschen dazu zu bringen, zu reflektieren/offen und akzeptierend zu sein. Dies sehe ich aber als eine gesamtheitliche Aufgabe des Schulunterrichts, die in allem zum Tragen kommen sollte – und nicht nur im Thema der NS-Zeit.

29. September

ANDREAS SCHULZ: Gerade gestern hat die Körber-Stiftung eine neue Studie vorgestellt, in deren Rahmen Schüler u. a. zu ihrem Wissen nach Auschwitz befragt wurden. Heraus kam, dass nur knapp 60 Prozent der Schüler zwischen 14 und 16 Jahren mit dem Begriff „Auschwitz" etwas anfangen können.[3] Von einer Seite her finde ich das Ergebnis ziemlich verständlich: Der Kontakt zur NS-Zeit findet heutzutage ja fast ausschließlich über Schulen o. ä. statt. Ich bin 29 und selbst ich, dessen Großeltern die NS-Zeit in Gänze miterlebt haben, kann mich nicht daran erinnern, dass wir in der Familie darüber gesprochen hätten. Jedes Mal, wenn mein Opa mir bspw. Bilder aus der Zeit zeigen wollte, habe ich ihn unterbrochen – mich hat damals einfach mehr interessiert, wenn er mir gezeigt hat, wie man Bilder malt, da er ein begnadeter Maler war. Mein Opa hat also erzählen wollen, hat sich aber auch nicht aufgedrängt zu erzählen. In der Erinnerungsarbeit gehen wir also meist davon aus, dass heutige Jugendliche kaum noch familiäre Bezüge zum Thema „NS-Zeit" besitzen. Wie ist das bei euch?

JAKOB HÖHL: Bei mir war es tatsächlich anders. Meine Großeltern mütterlicherseits sind beide Heimatvertriebene, die als Kinder aus Ungarn bzw. Jugoslawien fliehen mussten. Von beiden habe ich Geschichten über die Flucht, das Lagerleben und den schwierigen Start in Deutschland gehört, und das, seit ich klein bin. Das sind zwar keine Erzählungen über Auschwitz o. ä. gewesen, aber dadurch bin ich trotzdem schon immer mit dem Thema „konfrontiert" gewesen.

PHILIPP HACK: Ich selbst habe das Thema eigentlich außerhalb der Schule früher nie wirklich mitbekommen. Meine Großeltern möchten diesen Bereich eher verdrängen und reden nicht darüber, auch wenn man Nachfragen stellt. Somit habe ich, als ich 14 war, kaum etwas über die NS-Zeit an sich gewusst – außer den größten Schlagwörtern, die jedem geläufig sind. Von Auschwitz selbst habe ich auch erst durch die Schule erfahren, dort jedoch dann sehr intensiv dank meiner Lehrerin, die viel Wert darauf gelegt hat, dass jeder mehr als nur das Grundwissen in diesem Thema besitzt.

KATHARINA MÜLLER: Ich wusste bis vor einigen Monaten nichts über die NS-Vergangenheit meiner Großeltern. Aufgrund eines Seminars in Geschichte, in dem ich mich in meiner anschließenden Hausarbeit mit der Entnazifizierung des Führers des Nationalsozialistischen Deutschen Studentenbundes beschäftigt habe, unterhielt ich mich intensiv mit meiner Mutter, die über eine merkwürdige Tätowierung ihres schon 1986 (vier Jahre vor meiner Geburt) verstorbenen Vaters sprach. Wir stellten einen Rechercheantrag im Berliner Bundesarchiv, um Informationen über ihren Vater zu bekommen (Spruchkammerakte usw.), leider bisher ohne Erfolg. Die Vermutung liegt nahe, dass es sich um die „Blutgruppentätowierung" der SS handelte. Später arbeitete er in der Nähe von Karlsruhe in einer US-Kaserne, weil er sehr gut Englisch sprach … Meine Mutter beschäftigt das verständlicherweise zur Zeit sehr, ich hingegen habe zu wenig emotionalen Bezug, da ich ihn nicht kannte. Mal sehen, was wir noch rausfinden können.

HANNA DETERING: Die NS-Vergangenheit meiner Familie ist ein sehr umfangreiches Thema, über das mein Opa und ich uns immer wieder unterhalten. Der Vater meiner Oma war Deutscher protestantischen Glaubens, ihre Mutter Deutsche jüdischen Glaubens. Dies hat dazu geführt, dass meine Oma der Schule verwiesen und von dem Großteil ihrer Freundinnen und dem BDM ausgeschlossen wurde. Ihre Mutter wurde von einem befreundeten Polizisten gewarnt, konnte so während der Gestapo-Kontrolle bei Nachbarn unterkommen und lebte dann in 100 km Entfernung und mit einem anderen Namen. Sie überlebte den Krieg. Zwischendurch kamen jedoch immer wieder Kontrollen zu meiner Oma, die das ganze Haus nach ihrer Mutter durchsuchten. Auch im heutigen Umgang mit meiner Oma merkt man, dass sie diese Geschehnisse nie überwunden hat und sie immer wieder an die Oberfläche dringen.

Darüber sprechen kann ich nur selten mit ihr und dann auch nur auf einer ganz anderen Ebene als mit meinem Opa. Andere Familienmitglieder meiner Oma hatten weniger Glück – wenn

man in diesem Zusammenhang überhaupt von Glück sprechen kann. Omas Tante wurde in Ausschwitz ermordet, ein
Onkel im Ghetto Litzmannstadt und ein anderer in Theresien-
stadt. Manche der Familienmitglieder überlebten die KZs (zum
Beispiel aufgrund eines hohen Dienstgrades) oder schafften
es zu fliehen. Eine Cousine jedoch, die Kindergärtnerin war,
entschied sich, die ungarischen Kinder, um die sie sich geküm-
mert hatte, nicht alleine nach Ausschwitz fahren zu lassen. Im
Gegensatz zu ihrer Familie überlebte sie nicht. Die Geschichte
meines Opas ist eine ganz andere. Bei jedem Gespräch mit ihm
erfahre ich neue Details, die ich mir nie hätte vorstellen können. (Gerade heute etwa, dass sein Vater während des Krieges
einen Kommunisten bei ihnen auf dem Hof versteckt hatte. Opa
hatte keine Ahnung, wer das war; nur ein Mann, der zum Essen
und Schachspielen vorbeikommt und dessen Kopf er manchmal im Fenster vom Dachboden gesehen hat). Generell wurde
in seiner Familie nicht über das Thema geredet, auch wenn es
natürlich Vermutungen gab. Opa erinnert sich, wie bei ihm mit
elf, zwölf Jahren in der Schule Werbung für eine Laufbahn bei
der Waffen-SS gemacht wurde. Wie viele andere unterschrieb
er einen Vertrag. Als er nach Hause kam, war der Ärger groß
und sein Vater zerriss ihm den Zettel. Im Januar 1944 wurde
er als Luftwaffenhelfer eingezogen. Er zeigte mir ein Bild, wo
eine Gruppe Luftwaffenhelfer stolz an einer Flakkanone stehen;
das Rohr der Kanone zeigt weiße aufgemalte Ringe. Jeder
Ring war ein abgeschossenes Flugzeug, an dem sie beteiligt
waren. Er erzählte mir außerdem von Liedern, die sie sangen,
und was diese für ein Gruppengefühl schufen. (Das Liederbuch
„Uns geht die Sonne niemals unter" ist inzwischen bei mir zu
Hause; unglaublich diese Texte!) Am 4. Januar 1945 wurde er
zum Arbeitsdienst versetzt. So sollte er, als die Amerikaner den
Rhein bei Remagen überschritten hatten, Deutschland vertei-
digen. Am 7. April 1945 kam es zu einem Gefecht im Sauerland-
Ruhrkessel, bei dem mein Opa schwer verwundet wurde. Die
Deutschen ließen ihn zurück, so wurde er von den Amerikanern
mitgenommen und unter sehr dürftigen medizinischen Voraussetzungen gesund gepflegt. An der Erstversorgungsstelle lagen
zwei Amerikaner und zwei Deutsche auf dem Boden der Tenne
einer Mühle. Im Nachhinein stellte sich ihm die Frage: Warum
haben wir eigentlich aufeinander geschossen? Opas Tante
Elizabeth überlebte den Krieg nicht. Sie war schon vor dem
Krieg an einer Hirnhautentzündung erkrankt und lebte in einer
psychiatrischen Klinik. Ohne einen Bescheid wurde sie nach

Leverkusen-Langenfeld verlegt, die Klinik, die später für ihre Beteiligung an „Euthanasie"-Morden bekannt wurde. Von dort erhielt ihre Familie dann einige Tage später eine Nachricht über ihr „tragisches Verscheiden".

BERTRAM NOBACK: Ich finde die vier Familiengeschichten hochinteressant! Glaubt ihr, dass euch dieser Familienhintergrund in irgendeiner Form in eurem Denken und Handeln beeinflusst?

HANNA DETERING: Ich denke über die ganze Thematik immer mal wieder nach. Vor allem bei Themen wie Respekt, Toleranz und Vorurteilen komme ich nicht umhin, an meine Familiengeschichte zu denken. Mein Papa versucht gerade, den jüdischen Teil unserer Familie ausfindig zu machen, der auf der ganzen Welt verteilt ist (USA, England, Israel …) Ich fände es unglaublich spannend, mit ihnen in Kontakt zu treten und ihre Geschichte zu erfahren. Familiengeschichte ist für mich ein Weg, eine ganz persönliche Bindung zu dem Thema herzustellen und zu verdeutlichen, dass dies eben nicht entfernte Geschichte ist, sondern einen Großteil unserer Vorfahren betrifft. Mit der immer geringer werdenden Generation der Zeitzeugen wird dies in Zukunft schwieriger. Daher hoffe ich, dass wir oder unsere Eltern es noch schaffen, so viel wie möglich in Erfahrung zu bringen, zu erfragen und zu hinterfragen.

KATHARINA MÜLLER: Da ich mich erst so spät damit auseinandergesetzt habe, glaube ich nicht, dass mich dieser Bezug besonders beeinflusst hat. Aber was ich mit Sicherheit sagen kann, ist, dass meine Erziehung, die politische Einstellung meiner Eltern und der Umgang meiner Eltern mit dem Thema mich immens geprägt haben und ich wohl deshalb so interessiert an Geschichte und auch an aktueller Politik bin.

BERTRAM NOBACK: Inwiefern die politische Einstellung?

KATHARINA MÜLLER: Na ja, wenn die Eltern in politischen Diskussionen mit anderen immer in eine Richtung argumentieren und man das auch schon als Kind mitbekommt, prägt einen das wohl automatisch.

 **KATJA ZHOLKOVSKA:** Bei mir war es schon im Alter von sieben Jahren so, dass ich mich mit dem Thema angefangen habe zu beschäftigen! Das kam dadurch, dass ich mit meiner Familie im Jahr 2001 aus der Ukraine nach Deutschland gezogen bin. Das durften wir damals dank der Entschädigung aufgrund unserer jüdischen Wurzeln. Hier in Deutschland wurde ich direkt in der Synagoge aufgenommen, wodurch ich direkten Kontakt mit dem Judentum als Religion und auch mit der deutschen Erinnerungskultur hatte. Meine Großeltern waren noch Kinder während der NS-Zeit und ich habe mal gefragt, woran sie sich noch erinnern können. Meine Oma erzählte mir, dass sie sich an die Tage erinnert, an denen sie fliehen mussten. (Ich werde versuchen, noch ein wenig mehr herauszufinden.)

KATHARINA MÜLLER: @Katja, jetzt verstehe ich deinen mir ähnlichen emotionalen Zugang noch besser! Die unterschiedlichen Zugänge und Backgrounds in unserer Gruppe sind wirklich spannend!

KATJA ZHOLKOVSKA: Das stimmt!

ANDREAS SCHULZ: @Katharina, wie haben denn deine Eltern mit dir über die Zeit gesprochen?

KATHARINA MÜLLER: Vor allem rechte Tendenzen in der Gesellschaft waren oft Thema, nicht die NS-Zeit an sich. Ich bin in einem multikulturellen Umfeld groß geworden, meine Eltern hatten Freunde aller Nationalitäten und so war die Ablehnung rechter Tendenzen nahezu logisch, denke ich. Ich habe ähnlich wie Philipp vor allem in der Schule detailliert über die Thematik erfahren. Aufgrund meines Backgrounds gehe ich vermutlich schon immer so damit um, wie ich es tue.

ANDREAS SCHULZ: @Philipp, wie gingen denn deine Eltern mit der Tatsache um, dass deine Großeltern geschwiegen haben?

PHILIPP HACK: Hmm, also tatsächlich habe ich auch kaum mit meinen Eltern über dieses Thema geredet. Dadurch dass mir immer nur ein gewisses Schweigen von meinen Großeltern zu diesem Thema begegnet ist und kaum Interesse ihrerseits bestand, mich darauf anzusprechen, kam ich auch nicht wirklich auf die Idee, da nochmal bei meinen Eltern nachzufragen, sondern habe mich auf das im Unterricht Gelernte verlassen und lieber Videos und Filme von Zeitzeugen angeschaut, die auch wirklich darüber reden wollen … Meine Eltern selbst (Vermutung) haben wohl auch nicht viel mit meinen Großeltern darüber geredet. Aber ich denke, das hat mich auch auf gewisse Art beeinflusst, da ich so einfach gemerkt habe, es ist etwas, was meine Großeltern noch innerlich so sehr beschäftigt, dass sie kaum darüber reden. Ich finde, das unterstreicht, gerade wenn man eigentlich interessiert ist, nochmal die Aktualität des Themas, wenn andere, die einem nah stehen, dieses Thema immer noch meiden.

TORBEN HOYER: Meine Großväter, beide bei der Wehrmacht, konnte ich nicht fragen. Der eine ist lange vor meiner Geburt, der andere, als ich vier war, gestorben. Meine eine Großmutter allerdings konnte ich noch ausgiebig zu ihrer Zeit im BDM und zur ihrer Fluchtgeschichte befragen. Obwohl ihr Vater Feldwebel war, war der NS nie wirklich zentrales Thema. Ich war mehr am Persönlichen interessiert und sie sind, glaube ich, ganz froh, nicht viel darüber reden zu müssen. Meine andere Großmutter hat mir einmal, da studierte ich schon Geschichte, ganz unzeremoniell das Eiserne Kreuz meines Großvaters und das Mutterkreuz ihrer Mutter zugesteckt. Ich glaube, weil sie wusste, dass ich als Historiker als einziger Interesse daran hätte, das gut verwahren würde. Das war ihre Art sich mitzuteilen, glaube ich. Der NS war nie zentrales Thema. Immer nur Rahmenhandlung für die Erzählungen aus der Vergangenheit vor 1945.

30. September

KATHARINA MÜLLER: Oh, da fällt mir ein, dass meine Tante mir vor einem Jahr, nach dem Tod meines Onkels, eine Originalausgabe von *Mein Kampf* gegeben hat, nach langer Überzeugungsarbeit und meinem Versprechen, gut darauf aufzupassen, weil „Onkel x war das Buch sehr wichtig, er hat da immer gerne drin gelesen" …

VIVIEN FRITSCH: Wir haben in meiner Familie auch selten über die Zeit geredet, der Opa meiner Mutter ist an schwerer Kriegsverletzung gestorben, meine Großeltern väterlicherseits haben zu mir gesagt, dass man die Zeit ruhen lassen sollte. Ich denke, sie belastet die Zeit, die ihre Kindheit stark beeinflusst hat, noch immer sehr und sie reden deshalb nicht mehr darüber.

SELINA TAUSCHMANN: Meine Eltern und Großeltern waren zu jung, um etwas davon mitzubekommen. Meine Urgroßeltern sind schon verstorben, als ich noch kleiner war. Überliefert wurde nur sehr wenig bis gar nichts. Darum habe ich nichts von meiner Familie über die NS-Zeit erfahren.

Ich schicke euch mal ein Bild von der Kriegsgräberstätte in Darmstadt. Hier sind unter anderem Gräber der Opfer, die während der Brandnacht gestorben sind. Hier befinde ich mich gerade zur Recherche meiner Präsentation über die Brandnacht, das ist mein Zugang zum Thema.

ANDREAS SCHULZ: Das ist ja interessant, Selina! Hast du denn im Rahmen deiner Recherche, da du ja niemanden aus der Familie hast, der darüber berichten konnte, mal Kontakt zu Zeitzeugen gehabt?

SELINA TAUSCHMANN: Ja am 12.09. war ich mit meiner Schulklasse in der Centralstation.[4] Dort gab es zwei Filme über die Brandnacht (*Brandmale* und *Running with mum*) und es waren zwei Zeitzeugen da, die ein bisschen was aus der Zeit erzählt haben. Außerdem habe ich zwei Bücher über die Brandnacht.

KATHARINA MÜLLER: Toll, wie engagiert du bist, Selina! Klingt sehr spannend! Wie war die Begegnung mit den Zeitzeugen für dich?

SELINA TAUSCHMANN: Es war interessant und spannend für mich, da ich sonst keinen Kontakt zu Personen habe, die diese Zeit miterlebt haben. Es war auch sehr bewegend.

ANDREAS SCHULZ: @Vivien, hattest du auch mal die Möglichkeit, mit Zeitzeugen zu sprechen?

VIVIEN FRITSCH: Ja, ich bin mit Selina in einer Klasse und war auch bei dem Gespräche mit den Zeitzeugen dabei. Außerdem war ich dieses Jahr auf einem Jugendkongress in Berlin, dort war ich auch bei einem Zeitzeugengespräch, bei dem der Zeitzeuge über seine Erlebnisse während der NS-Zeit und sein Leben in der DDR berichtet hat.

BERTRAM NOBACK: Klingt sehr spannend. Hättet ihr euch gewünscht, darüber mehr in der Familie zu sprechen?

SELINA TAUSCHMANN: Wenn es was Spannendes zu berichten gegeben hätte, wäre es interessant gewesen, davon zu erfahren. Man hätte vielleicht Einblicke bekommen, die man mit einem Buch nicht kriegt. Außerdem wäre es auch noch was Besonderes, weil es familiär bezogen ist.

PHILIPP HACK: Ich denke, es wäre schön, auch mit den Großeltern darüber zu reden, aber dadurch, dass wir uns in der Mittelstufe bereits extremst ausführlich damit beschäftigt haben, ist es nicht unbedingt nötig und ich zwinge sie ja nicht darüber zu reden … Ich bin der Meinung, jeder sollte da selbst entscheiden, ob er/sie darüber reden möchte. Aber natürlich wäre es interessant zu hören, wie meine Großeltern das Ganze erlebt haben.

BERTRAM NOBACK: @Katja, wie stark prägt der Holocaust deine persönliche Identität und deine Identität als Jüdin?

KATJA ZHOLKOVSKA: Sehr stark! Durch diese Vergangenheit und die Geschichte der Juden kennt man in Deutschland, Europa und Israel sehr viele jüdische Jugendliche. Das allein nur durch ein paar Veranstaltungen im Jahr, an denen man sich sieht und Zeit zusammen verbringt. Der Holocaust wird in unserer Gesellschaft immer in Erinnerung sein und das stärkt den Zusammenhalt und die Kraft, in heutiger Zeit gegen antisemitische und rassistische Anfeindungen zu kämpfen!

BERTRAM NOBACK: Ist das bei allen deinen jüdischen Freunden und Bekannten ähnlich? Oder gibt es da unterschiedliche Muster?

KATJA ZHOLKOVSKA: Nein, das ist bei allen sehr ähnlich. Sehr viele beschäftigen sich unglaublich intensiv mit der Erinnerungskultur aber auch vor allem mit der heutigen Zeit, und sie setzten sich für den Glauben ein! Mein Freund zum Beispiel versucht, sich auch in der Öffentlichkeit zu engagieren, und sprach zum Erinnerungstag an die Befreiung aus Ausschwitz im Fernsehen darüber.

BERTRAM NOBACK: Wie geht es dir, wenn in der heutigen Gesellschaft der Wunsch nach einem Schlussstrich aufkommt?

KATJA ZHOLKOVSKA: Ich finde es unglaublich, ehrlich gesagt … Ich finde, das ist ein sehr wichtiges Ereignis in der Geschichte, andere Kriege und Ereignisse werden auch nicht einfach gestrichen. Ich kann einerseits verstehen, dass es manchen zu viel wird, aber das darf nicht gleich bedeuten, dass man es ausschließt und sich nicht mehr damit beschäftigen sollte.

BERTRAM NOBACK: Aber wenn das Thema Nationalsozialismus z. B. wie bei vielen der hier Diskutierenden in der Familie gar nicht oder kaum thematisiert wird – kann man ihnen da vorwerfen, dass sie die emotionale Aufladung des Themas ablehnen?

ANDREAS SCHULZ: Dazu muss man aber sagen, dass meines Erachtens auch ein Zeitzeugengespräch eine gewisse emotionale Bindung an das Thema erreichen kann. Fraglich ist für mich vor allem, was passiert, wenn die Zeitzeugen nicht mehr da sein werden …

KATJA ZHOLKOVSKA: Da stimme ich Andreas zu! Deswegen ist es gerade jetzt super wichtig, sich nochmal mit dem Thema intensiv auseinanderzusetzen und die letzte Chance zu ergreifen, mit den Zeitzeugen zu sprechen. Es gibt genug

Möglichkeiten, so etwas zu organisieren. Natürlich kann man niemandem etwas vorwerfen, aber man kann so etwas selbst in die Hand nehmen und entweder die Eltern und Großeltern ansprechen und versuchen, nochmal ein Gespräch zu erzielen, oder man spricht mit anderen Überlebenden. Wir sind die Generation, die in Zukunft dafür verantwortlich ist, die Geschichte weiterzutragen. Wenn wir das nicht tun, war's das für immer ...

BERTRAM NOBACK: @Selina, glaubst du, heutige Schüler hätten mehr Interesse am Fach Geschichte, wenn in ihren Familien mehr über die Familiengeschichte gesprochen würde?

SELINA TAUSCHMANN: Ich finde, wenn man sich für die Familiengeschichte interessiert, muss es nicht unbedingt sein, dass das Interesse am Fach Geschichte gesteigert wird.

BERTRAM NOBACK: Für Geschichte allgemein?

SELINA TAUSCHMANN: Ja, allgemein.

ANDREAS SCHULZ: Wie meinst du das, Selina?

SELINA TAUSCHMANN: Ich meine, dass Familiengeschichten etwas anderes sind als das Fach Geschichte. Die Familiengeschichte hat zwar mit Geschichte zu tun, aber man bekommt Geschichten zu hören aus der Sicht einer Person, die man familiär kennt. Und ich finde, solche Eindrücke findet man im Buch nicht.

JAKOB HÖHL: Ich glaube, dass die NS-Zeit uns alle auf die eine oder andere Weise prägt. Unsere gesamte Gesellschaft ist enorm tolerant und weltoffen im Vergleich zu anderen Ländern. Ich meine, so schlimm es auch ist, dass die AfD mit 13 Prozent in den Bundestag eingezogen ist, man muss sich auch mal vor Augen halten, dass wir von 1949 bis 2017 (meines Wissens nach) nicht ein einziges Mal eine rechte Kraft im Bundestag hatten. Das kann man meiner Meinung nach auf jeden

Fall mit dem Gedenken an die NS-Zeit und dem Wunsch, so etwas nie wieder geschehen zu lassen, begründen. Das ist für mich aber eher schon ein gesamtdeutsches Phänomen. Ich könnte jetzt nicht sagen, inwiefern die NS Zeit mich persönlich oder meine Familie anderweitig geprägt hat, wenn man mal die bereits genannten Fluchtgeschichten außen vor lässt.

1. Oktober

BERTRAM NOBACK: Sollte das Thema Familiengeschichte im Geschichtsunterricht einen größeren Stellenwert haben? Oder, etwas anders formuliert: Würde es nicht Sinn machen, im Geschichtsunterricht die Familiengeschichten verknüpft mit der Geschichte des 20. Jahrhunderts zu behandeln, um die Schüler stärker zum Nachdenken über die Geschichte anzuregen?

JAKOB HÖHL: Das Thema hat schon noch Relevanz. Ich glaube aber, dass sich der Umgang damit in den letzten 72 Jahren verändert hat und auch noch weiter verändern wird. Nach dem Krieg war die Entnazifizierung ein riesiges Unterfangen. Man hat versucht, die Denkweise der Menschen zu verändern, und ich glaube, dass dafür die Erinnerung bzw. eine Mahnung an das Geschehene ein großer Punkt war. Unsere moderne Gesellschaft ist nun aber demokratisch und tolerant. Für den allergrößten Teil der Menschen ist die Distanzierung vom NS und dem Holocaust ganz natürlich. Ich glaube deshalb, dass sich an unserem Schulunterricht bzw. an dem gesamten öffentlichen Umgang mit dem Thema etwas ändern muss. Vielleicht würde es helfen, wenn man die politische Auseinandersetzung mit dem NS in den Politikunterricht legt und sich dafür im Geschichtsunterricht rein historisch mit dem Geschehenen beschäftigt, so wie es bei jedem anderen Thema auch der Fall ist. Denn momentan habe ich das Gefühl, dass es die eigentliche Aufgabe des Geschichtsunterrichts zum Thema NS-Zeit ist, uns beizubringen, wie furchtbar rechtes Denken eigentlich ist. Wie ich am Anfang des Chats schon gesagt habe, glaube ich, dass man das Thema etwas differenzierter sehen muss und sich mehr damit beschäftigen sollte, *wie* es dazu kam, dass aus unseren Vorfahren, die sicher per se keine schlechten Menschen waren, Nazis wurden. Ich finde, gerade mit Blick auf die Türkei, Russland oder Nordkorea kann man daraus viel mehr für die heutige Zeit lernen, als den Schülern etwas einzubläuen, das sie längst von Natur aus verstanden haben.

SELINA TAUSCHMANN: @Bertram, Wie stellst du dir das vor, von 25 Kindern die Familiengeschichte mit dem Geschichtsunterricht zu verknüpfen? Wenn man das tut, muss man bedenken, dass diese Abweichungen von der Geschichte besitzen, wie sie im Schulbuch steht, da jeder Beteiligte es aus einer anderen Sicht erlebt hat. Und was ist mit den Kindern, die keine Familiengeschichte haben? Denkst du nicht, dass sie sich vielleicht benachteiligt fühlen würden?

BERTRAM NOBACK: Ja, pragmatische Probleme, die man aber in den Griff bekommen könnte. Ich denke nur, dass Geschichte viel spannender wäre, wenn die Schüler konkret erkennen würden, dass geschichtliche Prozesse ihre Vorfahren hautnah betrafen.

ANDREAS SCHULZ: @Jakob, das, was Selina gesagt hat, ist vielleicht auch eine Frage an dich: Deine Familiengeschichte unterscheidet sich ja etwas von den anderen hier. Das Thema „Vertreibung aus den Ostgebieten" wird im Unterricht nur sehr spärlich behandelt. Fühlst du dich benachteiligt? Und war die Familie hier deine Hauptquelle, dich mit der Geschichte auseinanderzusetzen?

JAKOB HÖHL: Aus dem Unterricht habe ich quasi nichts darüber gelernt. Wir haben uns damals nur ein paar Statistiken, woher wie viele Menschen wohin kamen, angeguckt und den Unterschied zwischen Flucht, Umsiedlung und Vertreibung geklärt. Meine Familie ist da zu 100 Prozent meine Informationsquelle. Ich bin natürlich auch etwas befangen, aber ich finde, dass das Thema im Unterricht viel zu kurz kommt. Wenn ich mich an die Erzählungen meines Opas erinnere, wie sie als Deutsche nach Deutschland kamen und hier erst nicht akzeptiert wurden, wie sie alles verloren hatten und sich plötzlich in einem vertrauten aber doch fremden Land zurechtfinden mussten, in dem alles zerstört war, wo niemand etwas hatte, aber man sich dann letzten Endes doch gegenseitig geholfen hat, dann gibt mir das eine enorme Ehrfurcht vor den Menschen, die dann später unser Land gemeinsam wieder aufgebaut haben.

ANDREAS SCHULZ: In den Bildungsplänen für Baden-Württemberg steht für die Klasse 9: „Die Schüler können die Folgen des Zweiten Weltkriegs als Ausgangsbedingungen der Nachkriegszeit in Europa erläutern/charakterisieren/beurteilen (Flucht und Vertreibung, Zusammenbruchsgesellschaft)". Mehr Verweise auf das Thema finden sich nicht. Wie hast du das Thema in der Schule unterrichtet, @Bertram?
Und @Jakob, hast du Ideen, wie das Thema „Flucht und Vertreibung" besser im Unterricht behandelt werden könnte?

BERTRAM NOBACK: Ich habe das Thema „Vertreibung" ehrlich gesagt meist eher stiefmütterlich behandelt. Als eine Folge des Zweiten Weltkriegs. Meint ihr als Schüler, ich sollte das stärker in den Mittelpunkt stellen? Einerseits wegen Schülern wie Jakob als Nachfahren von Vertriebenen. Andererseits, um das gesamte Thema „Nationalsozialismus" z. B. Schülern mit Migrationshintergrund nahbarer zu machen.

JAKOB HÖHL: Ich finde, es sollte überhaupt mal behandelt werden. Die deutschen Minderheiten spielen ja eigentlich auch für den Weg zum Krieg eine wichtige Rolle, Stichwort „Lebensraum im Osten". Aber man muss das ja nicht nur auf die Ostgebiete beziehen, sondern auch auf die tausenden deutschen Juden, die fliehen mussten und sich irgendwo auf der Welt neu integrieren mussten. Für Künstler, Oppositionelle oder Wissenschaftler gilt dasselbe. Ich glaube, dass das gerade in Anbetracht der „Flüchtlingskrise" ein sehr interessantes Thema wäre. Ich könnte mir da sehr gut einen Unterricht vorstellen, in dem man zuerst kurz über die Fakten der Flucht/Vertreibung während des Zweiten Weltkrieges und dann über 2015 redet und die beiden dann gegenüberstellt. Parallelen sind da meiner Meinung nach genügend vorhanden.

PHILIPP HACK: Ich denke, es ist generell bei allen Themen im Geschichtsunterricht wichtig, den Schülern verschiedene Blickwinkel zu bieten. Oft liegt der Fokus nur auf einem und man versteht viele Handlungsstränge daher auch nur auf diese eine Art, dabei wäre es für die Identifikation mit einem Thema auch wichtig, es auch von anderen Seiten zu betrachten. Das schließt auch das Thema „Vertreibung" mit ein.

VIVIEN FRITSCH: Ich habe mich heute mit meinen Großeltern über die Zeit unterhalten … Mein Opa hat in Arheilgen gelebt, seine Kindheit war stark durch die NS-Zeit geprägt, sein Vater (Polizist) schloss sich den Nazis an, er selbst war bei der Brandnacht dabei und kann sich gut erinnern an die Zeiten, in denen sie Stunden bis Tage lang angsterfüllt bei sich zuhause im Keller saßen.

Die Familie meiner Oma wurde um 1900 nach Tschechien geholt, dort haben sie in Jokes (einer überwiegend deutschen Stadt) im Egerland gelebt. Im Mai 1945 (meine Oma war fünf) haben die Familie meiner Oma und die anderen Anwohner der Gegend an einem Abend gesagt bekommen, dass sie am nächsten Morgen zum Bahnhof kommen müssen, von dort aus hat sie ein Zug dann nach Deutschland gebracht. Hier kamen sie zuerst in ein Lager und dann hat man die Familien in ganz Deutschland auf andere Familien verteilt, die Familie meiner Oma kam nach Messel, zu einer Familie, die heute noch hier lebt. Bei ihnen haben sie gelebt, bis sie sich selbst 1951 in Messel ein Haus gebaut haben, in dem ich heute wohne.

Meine Oma hat erzählt, dass sie sich, nachdem sie nach Deutschland gekommen waren, einmal im Jahr mit den Leuten aus dem Egerland getroffen haben. Einige Bewohner ihrer Stadt haben sich dann zusammengetan und ein Buch über die Stadt geschrieben, mit der Geschichte, ihren Erlebnissen, Eindrücken, mit Bildern, Dokumenten und Listen.

ANDREAS SCHULZ: All eure Familiengeschichten, die ihr hier erzählt habt, sind sehr spannend und berührend! Leider ist es ja, wie bereits erwähnt, so, dass immer weniger junge Menschen auf diese persönlichen Beziehungen aufbauen können, wenn sie sich mit dem Nationalsozialismus beschäftigen (wollen). Ich möchte noch kurz einen Teil meiner Familiengeschichte einbringen, den ich auch erst jetzt, da wir über das Thema reden, so richtig wahrgenommen habe: Nachdem ich von meinem Opa nach seinem Tod nichts mehr erfahren konnte, trat das Familiengedächtnis erst ganz spät dann doch noch zutage: Als ich meiner Mutter erzählte, dass ich auf einer Dienstreise in Grafeneck sei – eine der sechs Anstalten in Deutschland, wo vorwiegend Menschen mit Behinderungen ermordet wurden – begann sie zu erzählen. Sie sagte mir, dass meine Oma, wenn sie über einen nahen Verwandten sprach, immer erzählte, „die

Nazis haben gesagt, der ist behindert, der kommt ins Gas. Die haben ihn ermordet". Das war der Grundstein, um auch in meiner Familie über diese Erfahrungen zu reden.

Ich hätte aber noch eine (gerne auch kreative) Frage an euch alle: Wie könnte eurer Meinung nach eine künftige Beschäftigung mit dem Nationalsozialismus gestaltet sein, dass Jugendliche trotzdem einen emotionalen und/oder persönlichen Zugang finden können?

VIVIEN FRITSCH: Ich fände es toll, wenn dafür noch mehr Filme geschaut werden, vor allem welche, in denen Zeitzeugen erzählen. Ich finde, so kommen sehr viele Emotionen rüber.

SELINA TAUSCHMANN: Eventuell könnte man ein paar Museen oder ein paar Ausstellungen oder Originalschauplätze besuchen.

PHILIPP HACK: Um die Idee mit dem Museum aufzugreifen: Ich denke, eine emotionale Bindung fällt leichter, wenn der Fokus klar auf dem Persönlichen liegt. Wenn man die NS-Zeit durch einzelne Personen als Beispiele für das Leben in der damaligen Zeit darstellt und das Leben dieser unterschiedlichen Perspektiven in einem Museum aufzeigt, denke ich, dass jeder recht schnell eine emotionale Bindung aufbauen kann und man der NS-Zeit nicht einfach die kalte Schulter zeigen kann. Das Problem, das ich hier sehe, ist jedoch: Man kann eine noch so große Anzahl an Zugangsmöglichkeiten zur NS-Zeit anbieten, doch man muss das Interesse daran wecken, diese auch wahrzunehmen und nicht nur gezwungenermaßen durch die Schule oder Ähnliches „aufgezwungen" bekommen.

KATHARINA MÜLLER: Ich kann mir ehrlich gesagt nicht vorstellen, die NS-Zeit ohne die Auseinandersetzung mit Zeitzeugen zu unterrichten. Als weitere Perspektive, nicht als alleinigen Zugang selbstverständlich. Das Projekt „Zeugen der Shoah" kann ich mir zum Beispiel gut vorstellen. Das ist eine Lernsoftware, bei der sich Schüler intensiv mit zwölf Zeitzeugen-Interviews auseinandersetzen können.

@Selina, @Philipp: Ihr betont beide den für euch wichtigen emotionalen Zugang, ich halte den ebenfalls für sehr wichtig.

Habt ihr Erfahrungen mit Mitschülern gemacht, die ganz anders mit der Thematik umgehen als ihr, die sich unberührt zeigen? Und könnt ihr verstehen, dass manche es nicht richtig finden, sozusagen „auf die Tränendrüse zu drücken", um Bestürzung und Emotionalität bei den Schülern zu erzeugen? Denn eigentlich ist es doch das, was erzeugt werden soll, damit jeder die unfassbare Grausamkeit des Holocaust begreifen muss und daraus Handlungsanweisungen für sein weiteres Leben ziehen kann. Aber nehmen sich andererseits Lehrkräfte da vielleicht auch ganz schön viel raus, die Jugendlichen zu solchen Emotionen zu „zwingen"?

PHILIPP HACK: Also wenn ich mich an die Mittelstufe zurückerinnere, fallen mir viele ein, die für das Fach Geschichte allgemein kaum Interesse gezeigt haben. Dieses Desinteresse hat sich bei dem Thema NS-Zeit auch weiterhin durchgezogen. Für mich persönlich unverständlich, aber ich habe auch nie gefragt, wieso das so war.

TORBEN HOYER: Um mich heute Abend auch nochmal einzubringen: Dass spätestens in der nächsten Schülergeneration kein persönlicher Bezug zum Nationalsozialismus mangels ausreichenden familiären Gedächtnisses mehr gegeben sein wird, ist erst mal wohl eine Tatsache. Dass das Thema dadurch an persönlicher Relevanz ob fehlender familiärer Erinnerung verlieren wird, darf wohl angenommen werden. Das Thema kann und soll allerdings wach und lebendig gehalten werden und sollte nicht neben Perserkriegen, Karl dem Großen und den Schlesischen Kriegen als ein Thema neben vielen im Regal der Geschichte und Geschichten Staub ansetzen. Dazu ist das Thema für unsere Gesellschaft zu wichtig. Es ist geradezu immanent für uns, ist der NS doch das Gegenbild anhand dessen wir als Gesellschaft unser Selbstbild entwerfen.

Lebendig gehalten werden kann das Thema gut durch Zeitzeugen-Interviews und Recherche in der eigenen Familie. Bei ersterem allerdings ist zu beachten, dass eine à la Guido Knopp sinnbefreit zusammengestellte Aneinanderreihung von möglichst spektakulären Einzelberichten kein repräsentatives und didaktisch sinnvolles Bild des Nationalsozialismus abgeben. Bei zweitem ist zu beachten, dass zwar ehrlich mit der familiären Vergangenheit umgegangen wird, denn diese konstituiert das Individuum (ob es will oder nicht) immer mit, andererseits aber auch keine transgenerationale Schuldzuweisung entsteht.

BERTRAM NOBACK: Ich hätte von euch noch gerne ein Zwischenfazit zum Thema Familiengedächtnis: Was würdet ihr aus dem heutigen Gespräch mitnehmen? Ich fange mal an: Ich nehme mit, dass ich als Geschichtslehrer einerseits das Thema „Vertreibung" stärker behandeln werde. Andererseits will ich Familienerinnerungen stärker in den Unterricht integrieren.

PHILIPP HACK: Mein Fazit zu diesem Thema wäre, dass die Familie wichtig ist, um eine emotionale Bindung bei Jugendlichen zu ermöglichen. Oft ist es jedoch auch der Fall, dass es dazu aufgrund verschiedener Ursachen keine Familiengeschichte mehr gibt und in Zukunft nicht mehr auf dieselbe Art geben kann wie heutzutage.

SELINA TAUSCHMANN: Mein Fazit daraus ist, dass heutzutage noch viele Personen eine Bezugsperson haben, die die NS-Zeit miterlebt hat. Ich selbst gehöre schon der nächsten Generation an. Bei mir erlebten diese Zeit nur die Urgroßeltern. Diese haben aber fast gar nichts weiter übermittelt. Ich finde, dadurch gehen immer mehr Informationen verloren, die einen familiären Bezug zu diesem Thema ermöglichen.

VIVIEN FRITSCH: Ich nehme mit, dass eigentlich noch sehr viele junge Menschen durch ihre Familie Kontakt zur NS-Zeit haben und dass man sich ernsthaft Gedanken darüber machen sollte, wie man den zukünftigen Generationen die NS-Zeit am besten nah bringt – ohne Zeitzeugen.

2. Oktober

JAKOB HÖHL: Die NS-Zeit ist und bleibt enorm wichtig für unsere Kultur. Was geschehen ist, darf niemals in Vergessenheit geraten. Aber dafür ist es wichtig, die Vermittlungsmethoden auch an die moderne Zeit anzupassen. Das wird in den kommenden Jahren eine riesige Aufgabe für Historiker, Lehrer und Gedenkstättenmitarbeiter. Durch den Wegfall von Augenzeugen und Familienmitgliedern aus der Zeit als emotionaler Zugang zu dem Thema muss man irgendwelche Alternativen finden, um jungen Menschen die Grausamkeit des Nationalsozialismus näher zu bringen, ohne ihnen das Gefühl zu geben, nur belehrt zu werden.

Die Einbindung von Kindern mit Migrationsunterricht sehe ich dabei nicht als Problem. Die Thematik ist von internationaler Bedeutung und man könnte auch Menschen mit Migrationshintergrund dazu animieren herauszufinden, was mit der eigenen Familie, Religion, Kultur oder Nation während der NS-Zeit passiert ist.

TORBEN HOYER: Ich verweise nochmal auf meine vorherige Nachricht. Weiterhin zum Familiengedächtnis: Dieses konstituiert sich immer aus dem Dialog mit anderen Familienmitgliedern und familiären Quellen sowie auch familienexternen Quellen sowohl realer als auch fiktionaler Natur. Das familiäre Gedächtnis ist daher folglich keine akkurate Abbildung der Vergangenheit, sondern vielmehr ein Konstrukt! Dabei sind immer auch mehrere Varianten möglich. Es liegt wohl daran, dass innerhalb der Familie immer nur Fragmente, kurze Anekdoten und Szenen tradiert werden; diese oft nebulös und vage zusammenhängenden Fragmente (welche ihrerseits immer auch alterniert und also nicht wahr sein müssen) werden dann bei Bedarf mit Versatzstücken zu einen wohlfeilen Gesamtnarrativ zusammengefügt. Das, was also im Familiengedächtnis existiert, ist ein Konstrukt, das die Familie als Erinnerungseinheit zusammenhält. Die Weitergabe dieser Narration ist wiederum ein „Initiationsritus" der Familie und erfüllt daher primär konstitutive statt tatsächlich erinnernder Funktionen.

Damit das Thema „Nationalsozialismus" also nicht in Vergessenheit gerät, muss eine andere Möglichkeit gefunden werden, um gerade bei Jugendlichen eine Identifizierung zu ermöglichen – auch ohne familiäre Bezüge.

KATHARINA MÜLLER: Ich nehme vor allem mit, dass das Thema „Familiengedächtnis" offenbar in fast jeder Familie nach wie vor eine Rolle spielt und dementsprechend im Unterricht Raum finden sollte. Jugendliche, die nicht aus Deutschland kommen und denen der familiäre Bezug fehlt, könnten und

sollten Lehrer beispielsweise durch Fluchterlebnisse miteinbeziehen, die auch in der NS-Zeit Thema waren, womit die
Verbindung hergestellt wäre und sich diese Kinder nicht ausgeschlossen fühlen … Alle meine anderen Gedanken hat Torben
in seinen Nachrichten so gut zusammengefasst, dass ich nichts
mehr hinzuzufügen habe :-)

TORBEN HOYER: Guter Punkt, Kathi: Bei einem steigenden
Migrationsanteil an deutschen Schulen (Hamburg z. B. hatte,
als ich da noch in der Schule war, schon über 40 Prozent!)
betrifft das Thema immer weniger Schüler. Daher ist eine
Entscheidung zu treffen: So fortfahren, egal ob es die Migranten betrifft, oder schulische Inhalte anpassen, was dann wohl
heißt, deutlich weniger NS (und dafür dann vielleicht Atatürk?
Die persische Revolution? Der Syrienkrieg?).

KATJA ZHOLKOVSKA: Ich schließe mich ebenfalls dem
Genannten von Torben und Kathi an. Ich möchte noch hinzufü-
gen, dass der familiäre Bezug mir wichtig erscheint, damit aus
der Geschichte ein „Ganzes" entsteht. Durch die weitergege-
ben Geschichten über die Vergangenheit kann man vor allem
auch auf persönlicher Ebene lernen, wozu wir Menschen fähig
sind. Aber auch, dass das der Teil der Geschichte ist, den die
Geschichtsbücher uns nicht erzählen, ist daher umso wichtiger.
Ich bin der Meinung, dass man gerade durch die zahlreichen
Migranten das Thema nochmal größer aufziehen sollte. Die
Menschen, die aus vielen anderen Ländern nach Deutschland
kommen, wissen vermutlich wenig über die Ereignisse der NS-
Zeit. Das sollte man nicht vernachlässigen. Menschen aber, die
in Deutschland leben, sollten die Vergangenheit kennen.

TORBEN HOYER: Müssen sie? Wenn sich die Zusammenset-
zung der Bevölkerung weiterhin so dramatisch ändert, dann
kann von einer deutschen Schuld, gar einer Erbschuld, nicht
mehr die Rede sein. Wozu dann also das Thema wachhalten?
Dann kann es auch bloß ein Thema unter vielen sein. Mal so
provokant in die Runde geworfen. Auf jeden Fall betrifft es
dann irgendwann nur noch eine Minderheit familiär.

KATJA ZHOLKOVSKA: Ich finde, das muss man! Es geht nicht
nur um die Erbschuld oder, anders gesagt, die Schuldfrage im

Allgemeinen. Die Vergangenheit darf sich nicht wiederholen! Das ist doch das, wofür man appelliert. Man darf nicht vergessen, wozu wir Menschen fähig sind und vor allem waren!

TORBEN HOYER: Dann müssen wir das Thema aber anders angehen. Das, was du sagst, Katja, gilt ja dann international/ für alle Nationen. Dann sollte der Holocaust nicht alleiniges Zentrum des Unterrichts sein.

KATJA ZHOLKOVSKA: Ja auf jeden Fall. Das bestreite ich gar nicht. Man muss aber immer erst bei sich selbst anfangen, um in seiner Umgebung etwas zu ändern. In unserem Fall sollten wir in Deutschland darauf achten. Wenn wir die Welt einfach so auf einen Schlag ändern könnten, wäre es schön …

TORBEN HOYER: Wenn es aber bloß um Auschwitz als Funktion, als Ausdruck des Bösen der Moderne, als Schattenseite der Zivilisation geht, dann muss das Thema definitiv entemotionalisiert und strukturalistisch behandelt werden.

KATJA ZHOLKOVSKA: Warum sollte es nur darum gehen?

TORBEN HOYER: Na ja, wenn es darum nicht geht, ist es nicht mehr universal anwendbar.

KATJA ZHOLKOVSKA: Man kann es allerdings aber auch mit anderen Themen vereinen und sollte beide Herangehensweisen nicht voneinander trennen. Warum auch?

TORBEN HOYER: Ein bisschen Betroffenheitspädagogik ist ja immer ok, dem widerspreche ich nicht, aber wir reden ja über die Theorie.

KATJA ZHOLKOVSKA: Kann dir leider nicht ganz zustimmen.

KATHARINA MÜLLER: Ich glaube auch, dass Kinder mit Migrationshintergrund die Thematik sehr wohl durchdringen können und eben vor allem durch emotionalen Bezug, der entstehen kann durch familiären Bezug der Mitschüler oder durch die Auseinandersetzung mit anderen persönlichen Zeugnissen. Dafür kann der Holocaust nicht wie ein Thema unter vielen behandelt werden (und das darf es um Himmels Willen auch nicht!)

KATJA ZHOLKOVSKA: Ich nenne dazu gerne ein Beispiel: Ich war vor ein paar Jahren in Frankreich auf einer Gedenkreise. Übernachtet haben wir in einem Internat, wo wir viel Kontakt mit den französischen Schülern hatten. Diese haben uns im Laufe unseres Aufenthaltes „Heil Hitler" hinterhergerufen. Wir haben sie mal gefragt, ob sie überhaupt wissen, was sie da sagen. Sie wussten es nicht. Die hatten bis zu dem Zeitpunkt einfach keinen Geschichtsunterricht dazu gehabt.

KATHARINA MÜLLER: Wie krass, Katja!

KATJA ZHOLKOVSKA: Ja! Und das ist genau das, was ich meine … es darf nicht wie irgendein Krieg, der halt mal stattgefunden hat, behandelt werden. Man muss all die Grausamkeiten thematisieren. Gefühle zulassen und sie auch gerne miteinbeziehen. Gefühlslos waren die Nazis damals.

TORBEN HOYER: Soll auch kein Thema unter vielen werden. Dafür ist es strukturell zu wichtig für die Konstituierung von Staat und Gesellschaft … Ja, Emotionen machen es sicher anschaulicher. Finde ich auch. Aber ich argumentiere, dass der Ansatz strukturalistisch sein muss.

KATJA ZHOLKOVSKA: Ist er das nicht momentan?

TORBEN HOYER: Da bin ich mir nicht sicher. Aber wir reden ja über künftige Beschäftigung mit dem Thema.

KATJA ZHOLKOVSKA: Die Frage ist aber, ob man etwas ändern muss. Wenn ich mich recht erinnere, haben wir das Thema am Gymnasium in Baden-Württemberg ziemlich gut behandelt. Leider weiß ich tatsächlich nicht mehr dazu, was die anderen Schularten angeht. Ich bin aber auch nicht wirklich begeistert von den Medien, die zu diesem Thema momentan nur Mist vermitteln.

TORBEN HOYER: Da hast du Recht, Guido Knopp und Co. behandeln das Thema leider bloß sensationsjournalistisch.

ANDREAS SCHULZ: Um die mediale Vermittlung der NS-Zeit wird es zu einem späteren Zeitpunkt sicherlich noch gehen. In der Theorie dürfte heute auf Zustimmung treffen: Euch ist wichtig, dass die NS-Zeit einerseits einen emotionalen Zugang erfordert, um Interesse und persönliche Involvierung für das Thema zu wecken – das könnte ein Weg sein, auch heute noch eine Wachsamkeit gegenüber demokratie- und menschenfeindlichen Tendenzen zu erhalten. Andererseits benötigen wir bei der Beschäftigung mit dem NS einen, wie ihr es nennt, „strukturellen" Zugang zum Thema, der uns hilft, eventuelle Gründe damaliger Entwicklungen zu verstehen und mit anderen, heutigen Entwicklungen zu vergleichen. So viel zur Theorie. In den nächsten Tagen wollen wir uns nun anschauen, wie die Umsetzung dieser Ziele in der Praxis aussehen könnten.

4. Oktober

ANDREAS SCHULZ: Ab heute steht unser Chat unter dem Motto „Wunschkonzert": Ihr könnt euch für die nächste Zeit gemeinsam überlegen, wie ihr als junge Menschen das Thema „NS" im Unterricht praktisch vermittelt haben möchtet. Über einzelne Ziele und Methoden werden wir zwischendurch auch noch ausführlicher diskutieren.

 **BERTRAM NOBACK:** Fangen wir mit den Zielen an: Die Kernfrage ist, warum sich Schüler mit dem Nationalsozialismus beschäftigen sollen. Ich bitte daher jeden völlig unabhängig voneinander, drei Ziele zu formulieren, die wir im Unterricht erreichen wollen. Bitte je mit ganz kurzer Begründung, warum dieses Ziel für euch so wichtig ist.

JAKOB HÖHL: Meine Ziele wären:
– Grundlegendes Verständnis der nationalen Historie vermitteln (Den Schülern muss die Rolle der NS-Zeit in der gesamten deutschen Geschichte klar sein und sie müssen sie historisch einordnen können. Allein schon um nachfolgende Themen zu verstehen.)
– Ehrung und Erinnerung an die Opfer aufrechterhalten (Die Jugendlichen müssen sich mit den Verbrechen des NS-Regimes und dessen Opfern auseinandersetzten. Diese dürfen nicht vergessen werden und müssen deshalb für mich ein zentraler Bestandteil des Unterrichts sein.)
– Die NS-Zeit als Lektion für die moderne Welt begreifbar machen (Das ist der Punkt, über den wir schon viel geredet haben: Was kann ich aus dem Geschehen lernen, wieso ist es überhaupt wichtig, das Thema zu besprechen? Den Schülern muss klar werden, dass es immer noch rechtsradikale Tendenzen und manipulative Diktatoren auf dieser Welt gibt. Man muss ihnen zeigen, was für ein schützenswertes Privileg unsere Demokratie eigentlich ist.)

PHILIPP HACK:

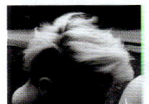

– Schüler neugierig machen und nicht demotivieren, dass sie
sich im Idealfall auch außerhalb der Schule damit beschäftigen.
– den Geschichtsverlauf politisch und historisch klar darstellen,
damit niemand verwirrt ist vom Ablauf oder den politischen
Umständen.
– grundlegendes Verständnis der Schüler für das Leben in der
NS-Zeit (aus mehreren Perspektiven) erreichen, damit sie zu
einem kritischen Denken über die damaligen Umstände fähig
sind und etwas Fassbares haben, damit sie ihr eigenes Leben
mit den Lebensformen von damals vergleichen können.

KATJA ZHOLKOVSKA:
– Aufklärung über die Geschehnisse der Vergangenheit
– heutige Wiederholung der Geschichte vermeiden
– Respekt für die Opfergruppen/Nachkommen

SELINA TAUSCHMANN:

– Hintergrundwissen erarbeiten, um die Entstehung des Nationalsozialismus besser zu verstehen.
– Aufklärung darüber, wie es zum Aufschwung der Nationalsozialisten kam, um zu wissen, wie man eine Wiederholung der
Geschichte vermeiden könnte.
– Noch heute lebendige Erinnerungen von damals zeigen, um
zu verdeutlichen, wie groß die Auswirkungen und die Bedeutung dieser Zeit war.

KATHARINA MÜLLER:
1. muss Unterricht über den NS die Erinnerung an die Verbrechen wachhalten. Das gebietet der Respekt vor den Opfern und
deren Hinterbliebenen.
2. geht es wie immer in der Geschichte um die Analyse menschlicher Gesellschaften. Wie konnte eine Partei sich ein ganzes
Land Untertan machen und inwiefern konnte sie es vielleicht
auch nicht? Das heißt: Gab es Grenzen der herrschaftlichen
Durchdringung? Dabei geht es um strukturelle Bedingungen
totalitärer Systeme.
3. muss Verständnis für die Gegenwart der heutigen Bundes-
republik entwickelt werden, die ohne den Bruch von 1945
tatsächlich nicht zu verstehen ist. Dinge, die alltäglich um uns
herum passieren, haben mit dem Mentalitätswandel zu tun, der

durch die vom NS herbeigeführte Katastrophe hervorgerufen wurde. Von der singulären deutschen Erinnerungskultur, die auf nationale Überhöhung nahezu vollständig verzichtet, bis zu den Debatten um einen angeblichen Schuldkult oder der Frage, warum Merkel 2013 nach dem Wahlsieg Hermann Gröhe das Deutschlandfähnchen auf der Bühne wegnahm.

TORBEN HOYER: Meine drei Ziele:
1) Kenntnis um NS in dt. Gesamtgeschichte als ereignishistorische Grundlage entwickeln
2) Wissen um Totalitarismus und Faschismus als Theorien, um theoretische Grundlage zu schaffen
3) Wissen um Ideologie des NS zum Verständnis der Schulddimension

BERTRAM NOBACK: Danke an alle für eure Ziele! Kommen wir zu den Inhalten: Versucht bitte mal die aus eurer Sicht drei (bis fünf) unverzichtbaren Themen zu formulieren, die man inhaltlich behandeln muss, wenn man den NS im Unterricht behandelt. Auch wieder kurz begründen bitte.

KATHARINA MÜLLER:
1. Stufen der Machtergreifung (innere Herrschaftssicherung)
2. NS-Ideologie
3. Stufen der Vernichtungspolitik auf dem Weg zum Holocaust
4. Nationalsozialistische Außenpolitik und Zweiter Weltkrieg
5. Widerstand
   Begründung: Zum großen Teil meine Begründung der wichtigsten Ziele im vorherigen Kommentar. Zu Punkt 5: Die Beschäftigung mit Menschen, die sich in unterschiedlichen Formen gegen den NS gestellt haben, kann die Schüler zur Reflexion anregen, wie sie sich vorstellen, wie sie in der damaligen Zeit agiert hätten. Bezüge zur Gegenwart sind in Punkt 1, 2 und 5 besonders gut realisierbar.

JAKOB HÖHL:
1. Ausbreitung des NS und die folgende Radikalisierung: Wie konnte sich das nationalsozialistische Gedankengut so schnell ausbreiten, wie kam es zu der rasanten Radikalisierung, welche Mittel wurden benutzt, um das Volk ruhigzustellen oder zu

täuschen? Ist meiner Meinung nach immer relevant. Um das Erstarken einer neuen radikalen Ideologie zu verhindern, muss man wissen, wie diese sich verbreiten und mit welchen Ausgangszuständen sie einhergehen.

2. Holocaust und weitere Verbrechen: Wichtig für die Erinnerung an die Opfer und um die Unmenschlichkeit der Nazis darzustellen. Sollte aber nicht nur auf den Holocaust beschränkt sein, auch die kranken Experimente von u. a. Mengele sollten beleuchtet werden. Hier könnte man auch noch das Vorgehen gegen Opposition in- und außerhalb der eigenen Reihen in den Blick nehmen.

3. Europa und die Welt während der Zeit des NS: Ich finde es wichtig, sich nicht nur Deutschland von 1933 bis 1945 anzuschauen, sondern auch den Rest der Welt. Wer stand auf wessen Seite und wieso? Was war zu dieser Zeit in Russland oder Japan? Wieso wurden der Weltkrieg und die Aufrüstung Deutschland nicht verhindert (Appeasementpolitik)? Würde vielleicht auch das Gefühl der reinen Schuldvermittlung bekämpfen.

5. Oktober

PHILIPP HACK: Sind leider vier Punkte geworden:
1. Politische und gesellschaftliche Entwicklung vor und während des NS-Regimes skizzieren, um Entstehung und Entwicklung des Nationalsozialismus verständlicher zu machen.
2. Verbrechen der Nationalsozialisten aufzeigen, um Gedenken an die Opfer wachzuhalten und um zu verdeutlichen, welches Ausmaß der NS hatte.
3. Den Zweiten Weltkrieg analysieren, um bewusst zu machen, von wo aus der Krieg losgestoßen wurde, wie und warum der Nationalsozialismus zum Weltkrieg führte und was ihn letztendlich zum Fall gebracht hat.
4. Folgen des NS behandeln, die bis heute spürbar sind, sowohl aus religiöser als auch aus nationaler Sicht, um den Schülern zu zeigen, wie präsent das Thema ist.

TORBEN HOYER: Meine drei Inhalte:
1) der dt. „Sonderweg", zum Verständnis von Untertanengeist, Obrigkeitshörigkeit, Deutschland als Kulturvolk
2) Totalitarismustheorie, zum Verständnis der Mechanismen und Funktionsweisen totalitärer Systeme
3) Ereignisgeschichte des „Dritten Reichs", Weltkrieg, Nachkrieg

6. Oktober

BERTRAM NOBACK: Ich habe mich noch einmal mit euren Zielen beschäftigt. Grob lassen sich unterscheiden: Vermittlung historischer Kenntnisse, Verstehen der historischen Prozesse, die Erinnerung an die Opfer und ein Lernen aus der Geschichte. Mich interessiert v. a. der letzte Punkt, dessen Erfüllung ja ein zweites Auschwitz verhindern soll. So löblich und sinnvoll dieses Ziel ist: Kann das ein Geschichtsunterricht überhaupt leisten? Was denkt ihr?

KATHARINA MÜLLER: Ich finde, es liegt in unserer Verantwortung als Lehrerinnen und Lehrer, dieses Ziel zu haben und den Unterricht danach auszurichten. Für mich ist genau das ein Grund gewesen, mich für den Beruf der Geschichtslehrerin zu entscheiden. Dabei sollte nicht nur der Unterricht über die NS-Zeit, also die Vermittlung der Fakten im Fokus stehen, sondern auch das Ziel, Kinder und Jugendliche bei ihrer Entwicklung und Reifung zu selbstbewussten, reflektierten und demokratischen Persönlichkeiten zu unterstützen. Ich bin allerdings davon überzeugt, dass mehr als die Schulbildung bei dieser Entwicklung eine Rolle spielt, auch die Erziehung der Eltern ist sicherlich relevant. Das ist jedoch ein Kreislauf. Die Schüler, die heute sensibilisiert werden, sind die Eltern von morgen.

MARCO LA LICATA: Das Problem mit dem Geschichtsunterricht ist folgendes: Man kann nicht einfach so Betroffenheit erzeugen. Meine persönliche Erfahrung mit dem Geschichtsunterricht war eine Art Übersättigung bzgl. der NS-Vergangenheit. Da ich häufige Lehrer- und einen Schulwechsel hatte und immer gern Dokumentationen geschaut habe, habe ich sehr oft immer wieder das gleiche gehört. Was mir fehlt (nicht nur im Unterricht sondern auch in Dokus beispielsweise) sind die politischen Zusammenhänge. Wir sehen heute, dass besonders abgehängte, prekarisierte Menschen rechte Parteien wählen. Und das sogar gegen ihre Interessen. Auch der Nationalsozialismus war nämlich in seinem System tief kapitalistisch. Gleichzeitig inszenierte er sich revolutionär. So definierte Georgi Dimitroff den Faschismus als terroristische Diktatur der am meisten reaktionären, chauvinistischen und imperialistischen Elemente des Finanzkapitals. Auch wenn das verkürzt ist, fehlen mir politische und wirtschaftliche Zusammenhänge. Meistens wird nämlich der Demokrat als anständig und klug, der Faschist hingegen als unanständig und dumm dargestellt. Ich glaube, genau diese Gegenüberstellung im Mainstream führt dazu, dass den Menschen der Faschismus als einzige Alternative zu einem kapitalistischen System scheint, in dem sie unter schlechten Löhnen, prekären Beschäftigungsverhältnissen und sonstiger Ausbeutung leiden.

Und zu Kathi: In der Schule müsste eigentlich vermittelt werden, dass Politik nicht passiv, d. h. durch einmal Wählen alle vier Jahre und dann machen's „die da oben", sondern aktiv durch jeden gestaltet werden kann und soll. Dazu müsste man die Menschen erziehen.

KATHARINA MÜLLER: Ja, da hast du wohl recht, Marco. Das verstehe ich unter „demokratischer Erziehung". Ich bin ganz bei dir, dass politische Zusammenhänge durchdrungen werden müssen, stets im aktuellen Bezug. Mit dem Bezug zur Kapitalismuskritik kenne ich mich leider zu wenig aus, um darauf fundiert eingehen zu können. Ich frage mich nur, ob und wie derart Komplexes mit 14-Jährigen thematisiert werden könnte.

MARCO LA LICATA: Ich sag's mal so: im Gemeinschaftskundeunterricht wurde uns auch in der 9. Klasse erklärt, wie unser politisches und unser Wirtschaftssystem funktionieren. Ich bin durchaus der Ansicht, dass auch 14-Jährige Grundprinzipien des Kapitalismus verstehen können. Dann können sie auch verstehen, was daran kritisiert werden kann – und wie die rechte Kapitalismuskritik der Nazis diesen half, sich in der Wirtschaftskrise (die nach Lehrplan auch erklärt wird) zu profilieren. Mir bleibt vom Unterricht in Erinnerung, wie die soziale Marktwirtschaft und die Stellvertreterdemokratie Deutschlands als Himmel auf Erden beschrieben wurden. Sowas hilft halt dem Bild von der „einzigen Alternative" rechts.

KATHARINA MÜLLER: Ja okay, so wird es klarer, danke. Um nochmal auf Bertrams Einstiegsfrage zurückzukommen: Du meinst also, prinzipiell kann der Geschichtsunterricht eine Verhinderung eines zweiten Auschwitz' leisten, müsste dafür aber stark reformiert werden?

MARCO LA LICATA: Gar nicht mal so stark. Es muss eine wirtschaftliche und gesellschaftliche Dimension mit rein. Was aktuell geleistet wird, soll bleiben, vielleicht ein bisschen zurückgefahren werden. Das Problem ist, dass im Geschichtsunterricht häufig das erzählt wird, was viele aus Büchern oder Hitlerdokus sowieso schon wissen. Da muss der Unterricht mehr bieten.

BERTRAM NOBACK: Findet ihr nicht, dass ihr die Schüler damit überfordert und das Thema viel zu krass aufwertet?

MARCO LA LICATA: Eben nicht. Ich als Schüler wollte eben gefordert werden und nicht mein N24-Wissen noch zweimal wiederkauen und auf die Klausur spucken.

KATHARINA MÜLLER: Wenn die Heterogenität nicht wäre …

MARCO LA LICATA: Da hast du schon Recht, aber als Nicht-Pädagoge lehne ich mich mal aus dem Fenster: Neues Wissen gepaart mit einer anständigen – aber nicht zu krassen – Herausforderung, d. h. keine Über- oder Unterforderung, zieht einen Großteil der Schüler an. Eine gute Präsentation tut ihr übriges. Alle kriegt man leider nie …

BERTRAM NOBACK: Ja. Anspruchsvoll und fordernd soll Unterricht ja immer sein. Ich rede von euren hohen moralischen und politischen Ansprüchen an das Thema, Schlagwort „Werterziehung". Das ist doch zu viel des Guten?

MARCO LA LICATA: Wieso denn? Erklär doch mal, wieso das zu viel sein könnte, dann kann ich vielleicht darauf eingehen.

BERTRAM NOBACK: Na ja, ihr wollt die Schüler ja zur Demokratie erziehen und gegen Faschismus und Nationalsozialismus immunisieren …

MARCO LA LICATA: Nein. Das ist auch gar nicht möglich. Gleichzeitig bin ich fest davon überzeugt, dass sich ein signifikant niedrigerer Anteil der Schüler dafür entscheidet, faschistische Parteien zu wählen, wenn sie die Zusammenhänge des kapitalistischen Wirtschaftssystems und der liberalen Stellvertreterdemokratie sowie des Faschismus verstehen und ferner auf moralischer Ebene die Ablehnung der meisten Menschen gegen ein faschistisches System nachvollziehen können.

BERTRAM NOBACK: Wie sehen das die Schüler? Was kann der Geschichtsunterricht leisten? Wie sehen das die anderen Studenten?

7. Oktober

PHILIPP HACK: Ich finde die Punkte von Marco sehr interessant und vor allem auch gut nachvollziehbar. Ich muss aus der Sicht eines Schülers sagen, dass gerade in letzter Zeit, da wir uns wieder in verschiedenen Bereichen dem NS gewidmet haben, viele schon genervt davon sind, dass wir letztendlich, wie Marco schon erwähnt hatte, immer wieder dasselbe durchkauen. Natürlich ist es wichtig, dass im Geschichtsunterricht und gerade bei den Themen „Nationalsozialismus", „Zweiter Weltkrieg" und „Faschismus" alle Schüler dem Unterricht folgen können und man keine zu hohen Ansprüche stellt. Allerdings ist es auch nicht sinnvoll, diejenigen, die sich interessiert zeigen, mit demselben Stoff immer wieder zu bequatschen. Hier wäre genügend Platz für das Thema „Lernen aus der Geschichte". Ich denke, diesem Thema wird man in der Oberstufe zwar gerecht, aber natürlich müssen dafür die Grundkenntnisse bereits erworben sein.

Auf Grund des schmaleren Zeitfensters sehe ich das in der Mittelstufe etwas anders. Es gibt zwar immer mehr Abiturienten, jedoch trotzdem noch genügend Schüler, die mit einem Real-, Hauptschulabschluss die Schule beenden. In neun bis zehn Jahren Schule, nach denen erst Geschichte unterrichtet wird, und der NS nur ein schmales Zeitfenster hat, all unsere Ziele zu packen, wird schwierig. Hier müsste man sich in den Zielen beschränken und lieber wenige Ziele gut behandeln als viele Ziele schnell und unverständlich zu behandeln.

ANDREAS SCHULZ: Bisher habt ihr vorwiegend darüber geredet, wie anspruchsvoll Geschichtsunterricht sein darf – in euren Statements klang aber auch an, dass der Unterricht gegen Faschismus etc. aktiv immunisieren solle. Darf er das überhaupt? Oder muss der Geschichtsunterricht nicht vielmehr einfach nur die Fakten vermitteln? Alles andere würde die Schüler doch tendenziös in eine Richtung drängen (auch wenn wir diese Richtung natürlich als etwas Wünschenswertes erachten ...) Wie sehen denn diejenigen von euch, die noch nichts kommentiert haben, dieses Problem?

8. Oktober

JAKOB HÖHL: Ich sehe darin keinen Widerspruch. Ich finde es enorm wichtig, dass man im Geschichtsunterricht die historischen Fakten lernt. Aber für mich geht damit doch schon eine Immunisierung gegen die NS-Zeit mit einher. Wer kann sich denn bitte anhören, was damals passiert ist, ohne gleichzeitig eine Ablehnung zu entwickeln? Wie ich aber bereits gesagt habe, sollte das nicht das primäre Ziel des Geschichtsunterrichts sein. Für die politische Auseinandersetzung mit Faschismus und Nationalsozialismus hat man meiner Meinung nach den Politikunterricht. In Geschichte sollte man bei den historischen Ereignissen bleiben.

TORBEN HOYER: Im Bildungsplan steht doch, soweit ich mich erinnere, dass die Schüler zu demokratische Grundwerten erzogen werden sollen. Somit ist also eine Entscheidung schon getroffen. Ich allerdings finde, dass der Geschichtsunterricht diese Beeinflussung nicht forcieren soll. Denn damit machen wir dann in der Form genau das gleiche, worüber wir uns hinsichtlich der NS-Erziehung aufregen: Wir indoktrinieren ideologisch.

BERTRAM NOBACK: @Selina, @Vivien, als diejenigen, bei denen das Thema in Klasse 10 gerade unterrichtet wird: Was soll und kann der Geschichtsunterricht leisten?

VIVIEN FRITSCH: Ich finde, neben ganz grundlegenden Dingen, die Politik in der Zeit sehr wichtig, welche Ziele hatte Hitler? Und wie konnte es so weit kommen? Außerdem finde ich wichtig, dass darüber geredet wird, wie die Jugend beeinflusst wurde. Ich denke, das weckt mehr Interesse in vielen Schülern.

SELINA TAUSCHMANN: Ich finde, es sollte unbedingt vermittelt werden, was der Hintergrund zu dem Thema ist, also wie es dazu kam. Das hilft einem, das Ganze besser zu verstehen. Aber auch, was für eine Auswirkung das Ganze hatte, und dass den Schülern klar wird, dass es wichtig ist, über das Thema

Bescheid zu wissen, damit sich sowas nicht wiederholt.
Natürlich sollten grundlegende Dinge wie z. B. der Ablauf des
Zweiten Weltkriegs oder die Machtergreifung nicht fehlen.

BERTRAM NOBACK: Wo liegen deiner Meinung nach die schulischen Grenzen? Kann bzw. soll der Unterricht mehr als Inhalte vermitteln und zum Diskutieren anregen?

VIVIEN FRITSCH: Ich denke schon, wenn man es schafft,
mehr Interesse in Schülern zu wecken :-)

SELINA TAUSCHMANN: Ja, weil man kann z. B. ein KZ besuchen. So wie es meine Klasse Anfang der 10. Klasse gemacht hat. Dadurch sammeln die Schüler Erfahrung und ich bin der Meinung, dass viele Schüler geschockt darüber waren, und obwohl fast nur noch die Umrisse der Grundmauern zu sehen sind, war auf dem ganzen Gelände eher eine düstere Stimmung.

BERTRAM NOBACK: Wie würden die künftigen Lehrer meine
Frage beantworten?

TORBEN HOYER: Unterricht soll, ja muss zum Diskutieren anregen. Zum bloßen und nackten Faktenlernen brauchen wir das Fach Geschichte nicht. Dazu reicht Wikipedia oder ein gutes Handbuch. Im Geschichtsunterricht aber soll es ja, so können wir uns, glaube ich, einigen, gerade auch darum gehen, Quellen kritisch zu untersuchen, zu interpretieren und sich eine eigene, möglichst unabhängige Meinung (so das denn möglich ist) zu bilden. Ist dies anders, so sind wir nicht besser als die, die wir ablehnen wollen. Gerade deswegen finde ich besagte Bildungsplanstelle auch hoch problematisch.
Es soll daher nicht primäres Ziel des Unterrichts sein, ein zweites Auschwitz zu verhindern, sondern besagtes Ziel soll vielmehr sein, den Schülern eine eigene und eben nicht vorgekaute und vorgefertigte Meinung zu ermöglichen.

KATHARINA MÜLLER: Ja, das klingt gut, Torben, und vielleicht weniger idealistisch als ich mich ganz eventuell ausgedrückt habe!

TORBEN HOYER: Problematisch ist allerdings: Wird der NS auf Auschwitz, also den Gipfel des Bösen der Moderne, reduziert, so fallen alle anderen Aspekte unter den Tisch. Die ganzen anderen Schritte in eine autoritäre Gesellschaft werden dadurch leichter übersehen. Neben Auschwitz sollen daher auch Totalitarismus, Führerkult etc. thematisiert werden.

MARCO LA LICATA: Immunisierung geht nicht. Faschismus ist keine Meinung, sondern ein Verbrechen. Um dem aber per Bildung möglichst viel vorzubeugen, muss Schülern vermittelt werden, dass Demokratie etwas zum Mitmachen ist. Nur wenn man diesen Wert erkennt, wird man für Erhalt und Erweiterung der Demokratie kämpfen und kämpfen wollen.

KATJA ZHOLKOVSKA: Meiner Meinung nach muss Unterricht mehr als nur Inhalte und Fakten vermitteln. Der Unterricht ist bei den meisten Kindern der erste Raum, in dem sie sich mit diesem Thema beschäftigen. Daher sollen die Inhalte vor allem dazu anregen nachzudenken, die Komplexität des Themas etwas nachvollziehbarer beziehungsweise verständlicher zu machen. Selbstverständlich kann man im Unterricht keine Gefühle aufzwingen. Allerdings bin ich der Meinung, dass Gefühle zugelassen werden müssen, sobald Kinder das Bedürfnis danach haben! Beispielsweise in Ausschwitz oder anderen Konzentrationslagern, Arbeitslagern und so weiter.

HANNA DETERING: Ich stimme vielen der oben genannten Aspekte zu. Wir leben in einer Demokratie und sollten diese Werte auch im Unterricht stärken und vertreten. Wir lernen und lehren ja auch andere Werte in der Schule – warum sollten wir dies dann bei so einer unglaublich wichtigen Thematik nicht tun?

Wie schon bereits angemerkt wurde: In der Schule kommen Schüler mit dem Thema „NS" oft zum ersten Mal in Kontakt (vor allem in der Zukunft, wenn der persönliche Bezug zum Thema immer weiter in die Ferne rückt) und ich finde es hochproblematisch zu sagen: In Geschichte behandeln wir nur die Fakten und die Quellen, in Politik dann eher die politische und moralische Seite. Oft wird dann noch der Aspekt der Literatur in Deutsch, der der Kunst in Kunst und der religiöse in Religion behandelt – und das so zeitlich versetzt, dass man Fakten vergisst und vielleicht des Themas überdrüssig wird, wenn in irgendeinem Fach immer über die NS-Zeit diskutiert wird. Das

Problem, das auf den meisten Unterricht zutrifft, ist doch aber: in einer 45-minütigen Unterrichtsstunde, die nur eine kleine Einheit eines langen Schultages ist, genug Interesse an Themen und am Diskurs zu schaffen. Deswegen denke ich, dass vor allem beim Thema „NS-Zeit" das Unterrichtsmodell der Projektarbeit sehr sinnvoll wäre. So könnte man sich über Wochen hinweg ganzheitlich mit all den verschiedenen Aspekten auseinandersetzen, ohne immer zu sagen: Das ist jetzt aber nur Geschichte/Politik/Deutsch/Kunst etc. So könnten meiner Meinung nach die ganzen Zusammenhänge viel besser dargestellt und verinnerlicht werden.

MARCO LA LICATA: @Hanna, es hat ja nicht mal jeder Politik als Schulfach. Es hat ja nicht mal jeder Geschichte als Schulfach. Das ist auch ein Problem. Die Schule ist deutlich fixierter auf wirtschaftliche Verwertbarkeit des Wissens als auf Erziehung zu selbstständigen, demokratischen Wesen und deshalb wird häufig bis fast immer der Fokus auf Naturwissenschaften und Sprachen gelegt.

9. Oktober

ANDREAS SCHULZ: Um das Thema mal auf einen Punkt zu fixieren: Viele von euch sprechen hier immer wieder moralische Aspekte an. Aber mal ehrlich: Brauche ich Auschwitz im Geschichtsunterricht, um zu lernen, dass ich anderen nichts Böses antun soll? Der Aufstieg des Nationalsozialismus beginnt ja weit vor 1933. Was wären dann die „richtigen und wichtigen Fragen", wie es Jakob formuliert hat?

JAKOB HÖHL: Nein, das ist Quatsch. Dass man anderen nichts antun soll, lernt jeder schon im Kindergarten. Aber darum geht es doch bei Auschwitz gar nicht. Es geht doch viel mehr darum, dass mehrere Millionen Menschen aufgrund ihrer religiösen und kulturellen Zugehörigkeit ermordet wurden und 60 Millionen Deutsche weggeguckt haben. Ich spreche mich noch einmal dafür aus, mehr auf die Hintergründe einzugehen. Wir haben ja schon darüber geredet, dass künftige Schüler meist keinen familiären Zugang mehr zu dem Thema haben. Aber ich muss da ganz ehrlich sagen, ohne die Erzählungen meiner Großeltern wäre ich nicht dazu in der Lage, die NS-Zeit wirklich zu verstehen. In der Schule werden nämlich ausschließlich die furchtbaren Seiten dieser Zeit gezeigt. Und ich erinnere mich noch, wie ich als Kind, obwohl ich schon früh durch meine Familie und Computerspiele mit den Schrecken des Zweiten Weltkriegs und des Nationalsozialismus konfrontiert wurde, immer gedacht habe: „Das war eine andere Zeit, heute würde das nicht mehr passieren. Die Menschen damals waren einfach doof." Aber so ist es ja nicht. Die Menschen hatten schon ihre Gründe, wieso sie die NSDAP gewählt haben.

Ich habe mich gerade gestern mit meiner Oma unterhalten und mir angehört, was für ein Gemeinschaftsgefühl plötzlich geschaffen wurde, wie alle in der Partei waren und wie ihre große Schwester immer ganz begeistert von den BDM-Treffen zurückkam und ihr erzählt hat, was sie alles gemacht haben. Aber ohne zu wissen, was die NSDAP den Deutschen versprochen und gegeben hat, finde ich es enorm schwer, die ganze Thematik zu verstehen. Denn ansonsten ist das alles seelenlos. Dann waren die Menschen einfach alle urböse und wollten Krieg und Vernichtung. Und dann fehlt einem natürlich der Zugang. Da sehe ich dann auch die eigentliche Aufgabe des Geschichtsunterrichts. Man muss alle Fakten neutral präsentieren, damit jeder selbst seine Schlüsse daraus ziehen kann. Anstatt die Menschen von damals im Vornherein zu verteufeln und zu Opfern der Propaganda zu machen, sollte man sich eher mal damit auseinandersetzen, was für Wünsche und Sehnsüchte denn da bedient wurden und ob sich die seitdem überhaupt verändert haben. Gemeinschaftsgefühl und Nationalstolz zum Beispiel bemerke ich nur alle vier Jahre mal, aber dann in einem Ausmaß, das mir durchaus zu denken gibt.

BERTRAM NOBACK: Bleiben wir doch konkret bei diesem Punkt: Stimmt ihr Jakob zu?

MARCO LA LICATA: Ich glaube, dass man mit einer materialistischen Erklärung recht weit kommt. Verlorener Krieg und Wirtschaftskrise haben den Versprechungen der Nationalsozialisten überhaupt erst die Möglichkeit gegeben, mit ihren völkisch-nationalistisch-sozialen Versprechungen an die Menschen heranzutreten – insbesondere an die arbeitende (oder arbeitslose) Masse. Das passt u. a. zu Jakobs Schilderungen, dass viele Deutsche die wirtschaftlichen Verbesserungen im Nationalsozialismus gut annahmen, auch wenn sie keine krassen Rassisten waren.

9. Oktober

BERTRAM NOBACK: Vorbereitend auf unseren gemeinsamen Chat morgen Abend, in dem es um den Medieneinsatz im Geschichtsunterricht geht, würde mich folgende Frage interessieren: Welche Medien eignen sich eurer Meinung nach am besten für eine Auseinandersetzung mit dem Nationalsozialismus? Vielleicht kann mir jeder von euch mal kurz ein bis zwei Medien nennen, die er für besonders geeignet hält, und das kurz begründen.

KATHARINA MÜLLER: Ich finde v. a. schriftliche Quellen gut: 1. Tagebucheinträge, z. B. aus Ghettos als Zusatz zu der Analyse von Quellen wie lagerinterne Berichte usw. Besonders wenn die Tagebücher von damals gleichaltrigen Jugendlichen verfasst wurden, können sich Schüler der Thematik reflektierend widmen und einen direkten Einblick in das alltägliche Leben von damals 14-, 15-Jährigen bekommen. (Da geht es nicht ums Schockieren, sondern man kann als Lehrkraft auch Zeugnisse wählen, die z. B. das Zwischenmenschliche unter den Häftlingen thematisiert.)
2. Zeitzeugeninterviews, mit denen sich die Jugendliche selbständig auseinander setzen können und die jeweilige Personen dann der Klasse vorstellen können. Durch die eigenständige Beschäftigung kann das Interesse von Schülern an der Lebenswelt der Zeitzeugen geweckt werden und eine Motivation entstehen, sich intensiver mit anderen Bereichen zu befassen. Die Zeitzeugeninterviews und auch Tagebucheinträge sollen aber nur EINE Perspektive neben vielen ermöglichen.

MARCO LA LICATA: Ich bin ein Fan von Filmen! Dokumentarfilme genauso wie Spielfilme. Dokumentarfilme sind oft anschaulicher als Texte, während Spielfilme in der Lage sind (wenn sie gut gemacht sind!), die Perspektive Einzelner zu veranschaulichen. Dokus müssen aber auch qualitativ hochwertig sein (kein ZDF History!). In der Oberstufe kann man auf fundiertere Quellen zurückgreifen. Das macht den Unterricht aller-

dings sehr abstrakt. Dafür werden Zusammenhänge klar, eben gerade solche Fakten, dass die Leute nicht NSDAP gewählt und/oder unterstützt haben, weil sie dumm waren.

KATJA ZHOLKOVSKA: Ich stimme Katharina zu. Ich finde Zeitzeugeninterviews super als Medium, würde aber hier noch sagen, dass Zeitzeugen selbst (solange es noch geht) sprechen sollten, da man ihnen direkt Fragen stellen kann, die eventuell für manche so nicht beantwortet werden! Sonst finde ich Bücher wie *Das Tagebuch der Anne Frank* super, da durch Bücher ebenfalls der persönliche Bezug aufgebaut werden kann. Aber vor allem auch Ausflüge zu unterschiedlichen Lagern, Gedenkstätten, Museen usw. finde ich wichtig!

10. Oktober

JAKOB HÖHL: Kann mich da nur anschließen. Gerade Tagebücher werden irgendwie überhaupt nicht benutzt, obwohl die doch eigentlich den besten Einblick verleihen. (Sogar noch besser als wirkliche Augenzeugen, die sich an etwas erinnern müssen, das 72 Jahre zurück liegt.) Bei Filmen muss man immer etwas aufpassen. Mal ein Film, gerade zum Einstieg, finde ich ganz gut, aber oft wird der Unterricht dann gerade in der Mittelstufe nur auf diese Filme reduziert und das finde ich wiederum gefährlich. Ich glaube aber ehrlich gesagt, dass das Medium keine große Rolle spielt. Wenn der Lehrer es nicht schafft, die Schüler für das Thema zu begeistern und ihnen klarzumachen, wieso das alles überhaupt so wichtig ist, hilft auch der beste Medienmix nichts.

TORBEN HOYER: Finde ich alles gut. Interviews, gute Dokus und auch vor allem gute Quellen, d. h. beispielsweise Ariernachweise, Nürnberger Rassengesetze, Tafeln über Halbjuden etc.

VIVIEN FRITSCH: Ich denke, das meiste wurde schon genannt. Ich finde, dass Filme immer gut für den Einstieg sind und man danach gut mit einer Stationsarbeit weiter machen kann und zum Abschluss möglicherweise ein Zeitzeugengespräch, Museumsbesuch oder möglicherweise ein KZ.

„DAS WILL ICH NICHT SEHEN!"
WELCHE ROLLE SPIELEN FILME FÜR UNSERE WAHRNEHMUNG DES NS?

10. Oktober

BERTRAM NOBACK: Danke für euren Input! Heute soll es speziell um Dokumentationen und Filme gehen: Einige Lehrer, die ich kenne, setzen vor allem gerne Dokus von Guido Knopp ein. Was haltet ihr davon?

JAKOB HÖHL: Toll, um einen Einstieg zu schaffen. Aber für gezielte Diskussionen über einzelne Themen eher ungeeignet.

PHILIPP HACK: Wenn ich ehrlich bin, habe ich zwar schon von ihm gehört, aber nichts Konkretes im Kopf.

KATHARINA MÜLLER: Oh, bitte nicht!

ANDREAS SCHULZ: @Philipp, Guido Knopp macht Dokus, die man am ehesten als Histotainment bezeichnen könnte. Etwas reißerische Dokus mit viel Drama – spannend aufbereitet, aber oft sehr tendenziös.

MARCO LA LICATA: Qualitativ minderwertig. Zu kurz und unreflektiert, meistens nur auf Deutschland bezogen (und ja klar, es geht um den Nationalsozialismus, aber da gab es trotzdem noch andere Akteure), viel „was wäre wenn" und eine mir manchmal fast schon banal-positiv erscheinende Darstellung von Nazideutschland. Und zu sehr auf Hitler bezogen, sprich recht eindimensional in der Darstellung.

JAKOB HÖHL: Aber eben auch einfach zu verstehen, mit Spielfilmeinlagen, meistens mit einer erzählten „Handlung" – also quasi alles, um Kinder und Jugendlichen Geschichte näherzubringen ;-)

KATHARINA MÜLLER: Das stimmt natürlich, Jakob. So könnte man vermutlich bei einigen Schülern verborgenes Interesse wecken – aber nein, das könnte ich wirklich nicht mit meinem Historikerherzen vereinbaren.

JAKOB HÖHL: Also ich muss ganz klar sagen, dass mein Interesse für andere Epochen als das Mittelalter wirklich erst durch Guido Knopps „Die Deutschen" geweckt wurde.

ANDREAS SCHULZ: Ihr habt während unserer Gespräche bisher mehrmals betont, dass ihr die NS-Zeit aus vielen Perspektiven betrachten wollt. Solche Dokus, nicht nur die von Knopp, machen das meist nicht. Die vermitteln nach dem Motto „so musste es ja kommen, es war Schicksal".

JAKOB HÖHL: Genau das kann man dann doch beleuchten. Erstmal eine Doku schauen, um einen Überblick zu bekommen, und von da aus vertiefen und kritisieren. Lehrt nicht nur Geschichte sondern auch Medienkompetenz.

ANDREAS SCHULZ: Aber ich glaube, dass dann nur die Doku hängen bleibt und nicht die Diskussion darüber. Dann gehen alle Schüler raus und denken: „Ok, die Nazis waren vorherbestimmt".

HANNA DETERING: Das befürchte ich auch. Solche Videos und vor allem Geschichten an sich bleiben immer länger im Gedächtnis als die tatsächlichen Fakten.

TORBEN HOYER: Das Problem an solchen Dokus ist, dass viele auf bloßem Sensationsjournalismus beruhen. Man sieht nur Veröffentlichungen wie *Hitlers Helfer, Hitlers Hunde, Hitler und die Frauen* … Dadurch und durch eine reine Aneinanderreihung von zusammenhanglosen Zeitzeugeninterviews entsteht ein völlig verzerrtes und abwegiges Bild des NS. Alles erscheint so eindimensional grausam. Aber es ist gerade die Normalität des NS, den es zu verstehen gilt: Die Nazis waren keine Aliens sondern ganz normale Menschen.

JAKOB HÖHL: Ist das aber dann nicht gerade die Aufgabe der Schulen? Mehr zu leisten als eine Doku? Sonst könnten wir Lehrer doch einfach durch Filmeinlagen ersetzten. Mal so ganz plump und provokant gefragt.

MARCO LA LICATA: Ich denke, dass man auch hochwertigere Dokus kritisch besprechen kann. Für Medienkompetenz muss man sich ja nicht unbedingt Müll anschauen.

TORBEN HOYER: Du hast Recht, Jakob! Dokus ersetzen keinen Unterricht. Das Diskutieren und Interpretieren geht nun mal nicht anhand von Fakten, die in kurzen Videosequenzen vermittelt werden.

JAKOB HÖHL: Aber müssten dann Lehrer nicht auch in der Lage sein, eine kritische Diskussion zu gestalten, die den Schülern aufzeigt, wieso manche Dokus so kritisch gesehen werden müssen? Wenn man es nicht im Geschichtsunterricht lernt, wo dann? Wenn man es nicht besser weiß, hält man Guido Knopps Dokus für gut aufbereitete Fakten.

MARCO LA LICATA: Wenn man im Unterricht Dokus schaut, sollte das kein Platzhalter für „richtigen" Unterricht sein sondern Grundlage für spätere Diskussionen. Filmvorführungen machen wir bei anderen Gelegenheiten und Veranstaltungen auch gerne mal. Da ist der Film aber nicht das Wichtige sondern die Diskussion im Anschluss.

JAKOB HÖHL: @Marco La Licata, das sehe ich ja genauso. Aber scheinbar wird Schülern so eine Diskussion noch nicht zugemutet, so wie ich das verstehe.

KATJA ZHOLKOVSKA: Ich denke, da momentan wohl einige Lehrer bereits Dokus und Filme einbringen im eigenen Unterricht, kann man das schon machen, denn ich glaube, dass einige Schüler das außerhalb der Schule so oder so sehen/hören – aber dann ist es vor allem umso wichtiger, im Schulunterricht kritisch alles zu hinterfragen und daraus zu lernen, dass nicht alles stimmt und der Wahrheit entspricht, was man dort sieht.

TORBEN HOYER: Daher können Filme und Dokus nur und einzig alleine der Illustration dienen. Um Vorgänge anschaulicher zu machen und um Schüler bei der Stange zu halten. Immanent sind sie aber nicht.

KATJA ZHOLKOVSKA: Findest du?

TORBEN HOYER: Ja. Eine Doku, in der ein paar Zeitzeugen jeweils ihre schlimmsten KZ-Erinnerungen erzählen, ist zwar spannend, aber letztendlich irrelevant.

KATJA ZHOLKOVSKA: Warum? Das kann man doch gut im Unterricht verwenden?!

TORBEN HOYER: Aber das alleine erklärt den Schülern nicht zugrunde liegende Strukturen und Prozesse, über die wir schon gesprochen haben.

KATJA ZHOLKOVSKA: Nein, aber man kann sie als Medium dennoch nutzen, um eine emotionale Brücke zu schlagen.

TORBEN HOYER: Klar, zur Illustration. Ein bisschen Betroffenheitspädagogik schadet nie. Trotz aller Nachteile muss ich sagen, sind sie sehenswert und wichtig für den Unterricht, aber nicht zentral, da sie diesen Blick fürs große Ganze nicht leisten können.

HANNA DETERING: @Torben, ich finde solche Dokus überhaupt nicht irrelevant!

PHILIPP HACK: Naja also ich finde, es ist ein deutlicher Unterschied, ob mir jemand erzählt, wie die Menschen in einer KZ behandelt wurden oder ob mir jemand erzählt, wie ER/SIE selbst behandelt wurde. Das hat eine komplett andere Wirkung und ist meiner Meinung nach daher wichtig für die Schüler, um ihnen die Wichtigkeit der Auseinandersetzung aufzuzeigen.

KATHARINA MÜLLER: Ja natürlich, Philipp, aber es gibt einen Unterschied, ob in einer reißerischen Doku nur die schlimmsten Beschreibungen gezeigt werden oder ob man sich mit lebensgeschichtlichen Zeitzeugeninterviews beschäftigt, die respektvoll mit den Opfern umgehen.

PHILIPP HACK: Natürlich. Dagegen sage ich ja auch nichts. Aber als irrelevant würde ich sie nicht bezeichnen!

TORBEN HOYER: Für das primäre Ziel, das Verstehen von Prozessen, sind sie irrelevant.

PHILIPP HACK: Ich möchte ja auch nicht sagen, dass Zeitzeugeninterviews das zentrale Thema sein sollten, um den Nationalsozialismus zu beschreiben. Für mich zählt zu dem primären Ziel jedoch auch, dass die Schüler verstehen, was all das für die Menschen bedeutete, und dazu tragen diese Zeitzeugeninterviews bei.

HANNA DETERING: @Torben, und was ist mit den Auswirkungen von den ganzen Prozessen? Den zerstörten Leben und Familien?

ANDREAS SCHULZ: Um Hannas Frage einmal zu generalisieren: Was sollen denn Dokus nun leisten können?

TORBEN HOYER: Illustration der ansonsten sehr abstrakten und kalten Prozesse und Strukturen.

JAKOB HÖHL: Alle Medien sind für mich Illustrationen der Prozesse dieser Zeit. Eine Karikatur oder ein Tagebuch ist da für mich nichts anderes. Die Gesamtheit der Quellen ist es, die einem ein Verständnis der Strukturen erlaubt. Es kommt für mich letzten Endes auf die Aussage an, nicht, wie sie aufbereitet ist.

KATJA ZHOLKOVSKA: Ein Tagebuch ist schon etwas ganz anderes. Ein Tagebuch ist nicht von jemandem mit der Absicht, bestimmte Menschen/Gruppen anzusprechen, verfasst worden. In Tagebüchern werden wahre Erlebnisse und Gefühle mitgeteilt, die sonst niemand kennt. Es ist nichts Manipulatives, wie eine Doku es sein kann.

HANNA DETERING: Interesse wecken, sensibilisieren für die Auswirkungen solcher Prozesse, nachdenklich machen.

KATJA ZHOLKOVSKA: Die Dokus sollen vor allem die Aufmerksamkeit auf gezielte Ereignisse oder Erhöhungen lenken, damit das Interesse wecken und dazu beitragen, dass man sich mehr mit dem Thema beschäftigen möchte. Dabei müssen sie aber auch zu verstehen geben, dass sie nicht alles zeigen und berichten können.

ANDREAS SCHULZ: Ein noch größeres Reizthema als Dokus sind Spielfilme. Kurzer Input von euch: welcher Film (jede/r nur einen) fällt euch da als erstes ein?

KATJA ZHOLKOVSKA: *Schindlers Liste*

TORBEN HOYER: *Am Ende kommen Touristen*

KATHARINA MÜLLER: *Schindlers Liste*

JAKOB HÖHL: *Schindlers Liste*

HANNA DETERING: *Sophie Scholl*

MARCO LA LICATA: *Der Junge im gestreiften Pyjama*

PHILIPP HACK: *Schindlers Liste*

 **SELINA TAUSCHMANN:** *Die Welle*

KATHARINA MÜLLER: *Inglorious Basterds*

ANDREAS SCHULZ: Bleiben wir mal bei *Schindlers Liste*: Ich musste den damals im Unterricht schauen. Ich fand's schlimm und wollte das nicht sehen … Darf man Schülern solch einen Film „aufzwingen"?

TORBEN HOYER: Ja, Unterricht ist ja kein Wunschkonzert.

ANDREAS SCHULZ: Aber die krassen Szenen in diesem Film – ich finde, man darf Schüler nicht überwältigen. Die wissen ja davor nicht, was da auf sie zukommt.

KATJA ZHOLKOVSKA: Ich denke, dass man nichts aufdrängen sollte im Unterricht! Damit das nicht passiert, müssen Lehrer sich vorher gut Gedanken machen, welchen Film sie dem Alter entsprechend zeigen können.

PHILIPP HACK: Nein! Aufzwingen dürfen sie nichts meiner Meinung nach. Als wir den Film geschaut haben, hatten wir aber auch die Freiheit, jeder Zeit den Raum zu verlassen und im Nachbarraum an etwas anderem zu arbeiten. Ähnlich war es auch bei der Verfilmung zu Anne Franks Tagebuch. Erstaunlich war jedoch, dass niemand den Raum verlassen hat.

ANDREAS SCHULZ: Weil sich das doch kein Schüler ernsthaft traut!

KATJA ZHOLKOVSKA: Ich glaube, es ist nicht richtig zu sagen, dass man den Raum verlassen darf, weil sonst die Gefahr besteht, dass sie das auf die leichte Schulter nehmen und das Thema nicht ernst nehmen.

PHILIPP HACK: Wir hatten eine sehr nette Lehrerin. Das wäre völlig in Ordnung gewesen :-)

MARCO LA LICATA: Wenn wir ein Schul- und Unterrichtssystem wie das aktuelle haben, dann ist der Unterricht Pflicht und fertig. Finde aber, dass man den Schülern bei emotional aufwühlenden Medien (auch Bildern) immer die Möglichkeit lassen sollte, sich anders zu beschäftigen oder eben den Raum verlassen.

PHILIPP HACK: @ Katja, jeden zu zwingen drinzubleiben sehe ich aber als ein schlechtere Lösung an.

JAKOB HÖHL: Also bei *Schindlers Liste* sind bei uns einige Leute rausgegangen. Aber ich finde tatsächlich, dass man das Schülern antun sollte. Der Film zeigt auf eindrucksvolle Art und Weise die Grausamkeit des Regimes und die gehört nun mal zum NS dazu.

HANNA DETERING: Ich erinnere mich auch daran, dass mich solche Filme in der Schule sehr mitgenommen haben, aber nie gedacht habe: „Wieso zeigen uns die Lehrer sowas bloß?"

ANDREAS SCHULZ: Ich fand den NS danach noch schlimmer – aber nicht nur die Taten der Nazis sondern vor allem diese aufgezwungene Betroffenheit bei der Behandlung des Themas.

HANNA DETERING: Ich wollte mich danach noch intensiver mit der Thematik auseinandersetzen und noch mehr Hintergründe erfahren.

TORBEN HOYER: @Andreas, guter Punkt! Das finde ich auch. Leider scheint dies im Umgang mit dem NS ein festes Ritual geworden zu sein.

JAKOB HÖHL: @ Hanna, also in meiner Realschulklasse wurden beim Anblick der Leichenberge Witze gerissen. Da wäre ich mir nicht so sicher, ob das auf alle zutrifft, was du sagst.

MARCO LA LICATA: Ich glaube, das kommt ganz auf die Gruppendynamik an. Ich hatte immer das Gefühl, dass die beiden Klassen, in denen ich war, sehr ernst mit dem Thema umgegangen sind.

KATHARINA MÜLLER: @Jakob, puh … heftig! Wüsste ich als Lehrerin auch nicht mit umzugehen …

MARCO LA LICATA: Deshalb ist es m. E. wichtig, dass soweit es geht individuell auf die Schüler bzw. auf die Gruppe eingegangen wird. Wenn man weiß, dass man eine Klasse hat, die selbst über Leichenberge im KZ Witze macht, oder man weiß, dass einige Schüler sehr empfindlich sind, dann zeigt man eben nicht *Schindlers Liste*.

HANNA DETERING: Oh je! Sowas habe ich nie mitbekommen. Nachdem die Jungs meiner Klasse für einige Monate den Hitler-Gruß gemacht hatten (7.Klasse), hat sich solches Verhalten gelegt.

ANDREAS SCHULZ: Das Witzemachen könnte aber auch eine Abwehrreaktion gegen die Betroffenheit sein, die man bei diesen Grausamkeiten empfindet … Einige Jugendliche können solche Bilder nicht verarbeiten und solch ein Film kann dann dazu führen, dass sie sich dem Thema gänzlich verschließen.

PHILIPP HACK: Aber mit diesem Argument müsstest du ja auch sagen, du zeigst keine Dokumentationen und nicht nur keine Spielfilme, oder?

MARCO LA LICATA: @Andreas, da gebe ich dir Recht. Finde aber kategorisches Ausschließen genauso schlecht wie „ich zeige das seit 20 Jahren jeder Klasse, deshalb mache ich das auch bei dieser." Verantwortungsbewusstsein und Einfühlungsvermögen zeichnen gute Pädagoginnen und Pädagogen eben auch aus.

JAKOB HÖHL: @Andreas, das war keine Betroffenheit. Das waren auch dieselben Kandidaten, die mit Messern in die Schule kamen und aus deren Mündern man so kluge Sachen wie: „Scheiß Nigger", „Drecks Judenkind" und „Heil Hitler" hören durfte.

MARCO LA LICATA: Das ist heftig!

JAKOB HÖHL: Ja, das ist heftig, aber ich habe es jetzt auf drei Schulen beobachten dürfen, wie Hitler und der Holocaust eher Thema von Witzen sind als von konstruktiven Diskussionen. So viel nochmal zum fehlenden Zugang und der aufgezwungenen Betroffenheit.

ANDREAS SCHULZ: @Jakob, wenn es schon so weit ist – wie soll man mit solchen Typen umgehen?

JAKOB HÖHL: Ich stelle mir eher die Frage, wie man es verhindern kann, dass solche Leute überhaupt so abheben.

ANDREAS SCHULZ: Diese Frage würde ich gerne etwas zurückstellen, da wir darauf noch einmal im Gedenkstättenkontext darauf zurückkommen.

BERTRAM NOBACK: Ich möchte das Thema noch einmal weiten: Was ist denn mit Komödien wie *Inglorious Basterds*? Solche Filme sind nicht so erdrückend – gut kontextualisiert kann das doch auch ein Zugang sein?

MARCO LA LICATA: Wären aber deutlich anspruchsvoller für die Lehrkraft. Ich fände es gut, solche Filme einzubringen, solang sie genug Diskussionsstoff liefern, auch weil sie aus dieser Betroffenheitsritualisierung ausbrechen.

PHILIPP HACK: Da kommt es ganz darauf an, wie man die Komödie einbaut und was „faktenbasiert" bedeutet. Gerade bei den Erfahrungen, die Jakob gemacht hat, muss ich aber sagen, dass eine Komödie nicht gerade hilfreich wäre.

KATHARINA MÜLLER: Ich kann mir vorstellen, einen Ausschnitt aus *Inglorious Basterds* als Einstieg einer Stunde mit dem Thema „Der Umgang mit dem NS heute" zu zeigen. Sonst aber eher nicht.

BERTRAM NOBACK: Kommen wir zu einer kurzen Abschlussrunde. Euer Statement zum Thema „Film und Dokus".

KATHARINA MÜLLER: Gute Filme finde ich als Abschluss eines Themenkomplexes (z. B. *Napola* nach „Jugend und Erziehung im NS") gut einsetzbar. Zudem auch als GFS von einzelnen Schülern. Vom Gefühl her würde ich keinen Film wie *Schindlers Liste* auswählen, weil ich einzelne Jugendliche nicht überfordern wollen würde.

JAKOB HÖHL: Dokus sind super als Einstieg, um einen Überblick über ein Thema zu verschaffen. Spielfilme eigenen sich hingegen, um spezifische Themen oder Situationen einprägsam darzustellen. Gerade was Auschwitz und die Judenverfolgung betrifft. Man sollte sie beide aber auf keinen Fall einfach als gesonderte Unterrichtseinheit sehen, sondern im Nachhinein darüber diskutieren und auch mal die Fakten checken. Dann können Filme eine wertvolle Ergänzung zum Unterricht sein und außerdem Schülern einen besseren Umgang mit historischen Filmen außerhalb des Unterrichts beibringen.

PHILIPP HACK: Dokumentationen sowie Filme haben ihre Daseinsberechtigung im Unterricht. Die Art und Weise, wie mit ihnen umgegangen wird, muss jedoch klar sein und an die Gruppe angepasst werden, denn kein Film kann den Unterricht selbst ersetzen.

HANNA DETERING: Ich würde Filme auf jeden Fall einsetzen – schon alleine, um für Abwechslung zu sorgen, und zur besseren Darstellung. Davor und danach sollte man ihn aber immer kritisch betrachten und das Thema weiter vertiefen. Vielleicht nicht nur über die Fakten sprechen, sondern auch darüber, was diese bei Jugendlichen auslösen (wenn dies das Klassenklima zulässt). Aber ich weiß nicht, ob dies möglich wäre, und da ich ja auch keine Geschichtslehrerin werde, werde ich dies nicht ausprobieren können.

KATJA ZHOLKOVSKA: Ich finde, man kann jedes Medium im Schulunterricht einsetzen, jeder Lehrer muss aber auch verstehen, wie man richtig damit umgeht! Beispielsweise Dokumentation, die einige Fehler beinhalten oder einfach nicht die komplette Wahrheit erzählen, muss man auch so darstellen und kritisch hinterfragen. Dabei sollten die Lehrer den Schülern beibringen, wie man gut recherchiert und sich mit solchen Medien kritisch auseinandersetzt.

17. Oktober

ANDREAS SCHULZ: Beim letzten Mal hatten wir bereits über Spielfilme zum Thema „Nationalsozialismus" gesprochen. Heute möchte ich zunächst mal von euch wissen: Was haltet ihr von Komödien wie z. B. *Er ist wieder da*? Darf man über Hitler und den Nationalsozialismus lachen?

LEONIE MÜLLER: Ich persönlich bin Befürworterin solcher Komödien. Zum einen wird der Bevölkerung die Thematik näher gebracht. Außerdem tragen solche Werke zum offeneren Umgang bei, die Scheu, Wörter wie „Hitler" oder „Nazi" zu verwenden, wird geringer. Denn wie soll offen über ein so komplexes Thema gesprochen werden, wenn die Beteiligten „Angst" vor der Sache selbst haben?

JAKOB HÖHL: Ich sehe da einen Unterschied zwischen Komödien wie *Er ist wieder da* und Satiren wie z. B. *Der große Diktator*. Satiren haben den Zweck, die Person Hitler ins Lächerliche zu ziehen, und machen ihn dadurch schlecht. Aber in *Er ist wieder da* wird Hitler ja nicht verarscht, sondern viel mehr menschlich gemacht. Man versetzt die Person Hitler in unsere Zeit und lässt ihn dadurch normal erscheinen. Von seinen Verbrechen wird zumindest im Buch nicht gesprochen. Das ist einerseits super interessant, gerade wenn man an die zweite Hälfte der Handlung denkt, wo es viel mehr darum geht, wie Hitler heute auf uns wirken würde und wie er versucht, wieder an die Macht zu kommen. Aber andererseits finde ich solche Komödien sehr problematisch, da die meisten Zuschauer keinen weiteren Gedanken verschwenden, um über die aufgeworfenen Fragen nachzudenken, sondern einfach stupide konsumieren. Und dann sieht man einfach diesen witzigen, normalen Menschen und vergisst vielleicht sogar komplett, dass es sich hier nicht um einen normalen deutschen Bürger im 21. Jahrhundert handelt, sondern um den größten Verbrecher der Menschheitsgeschichte.

TORBEN HOYER: Habe kein Problem mit Komödien. Auch ein Thema wie der NS darf Gegenstand des Humors sein. Verbieten wir uns das als Gesellschaft, so sakralisieren wir den NS, machen ihn gleichsam unantastbar, der Welt entrückt. Durch eine normale und also auch komödiale Behandlung bleibt das Thema lebendig. Ich kann verstehen, dass für viele die Grenze dort gezogen wird, wo der Humor auf Kosten der Opfer geht. Das halte ich für eine Geschmackssache.

BERTRAM NOBACK: Ich bin da zwiegespalten. Einerseits halte ich es für ein Zeichen eines unverkrampften und enttabuisierten Umgangs mit dem NS. Andererseits halte ich diese Filme im pädagogischen Kontext für hochproblematisch.

ANDREAS SCHULZ: Bleiben wir mal außerhalb des Pädagogikbereichs. Für mich bieten Komödien zunächst einen emotionalen Zugang zum Thema – wie auch tragische Filme.

BERTRAM NOBACK: Ich finde die Emotionalität gut. Man kann darüber lachen und sich entspannter auf Diskussionen einlassen als nach einem tragischen Film. Da fühle ich mich nur noch betroffen … ABER: gerade Filme wie *Inglorius Basterds* oder *Er ist wieder da* setzen beim Zuschauer ein sehr hohes Maß an Vorwissen und intellektueller Distanz voraus. Ansonsten kann ein solcher Film zur Verharmlosung des NS führen!

LEONIE MÜLLER: Aber ist nicht davon auszugehen, dass (fast) jeder ein gewisses Maß an Vorwissen besitzt? Immerhin ist das „Dritte Reich" fest im Lehrplan verankert.

JAKOB HÖHL: Das vielleicht schon, aber ich glaube nicht, dass jemand, der sich so einen Film im Kino anguckt, danach nochmal groß über die tieferen Fragen nachdenkt, sondern sich einfach denkt: Witziger Film – und das war's dann.

BERTRAM NOBACK: Dann kommt bei mir die Frage auf: Darf man aus dem NS reine Unterhaltung machen?

JAKOB HÖHL: Ja, wie Torben schon gesagt hat, verbieten darf man es nicht Erstrebenswert finde ich es aber nicht …

LEONIE MÜLLER: Ich finde es legitim, solange eine kleine historische Anekdote im Vor- oder Abspann eingesetzt wird.

KATJA ZHOLKOVSKA: Ich stimme Bertram zu! Ich finde, dass beispielsweise der Film *Er ist wieder da* einem den Zugang zu dem Thema zwar leichter macht. Allerdings für die, die nicht genug Hintergrundwissen bzw. Vorkenntnisse mitbringen, ist das schlicht und einfach eine Belustigung und zieht das Thema ins Lächerliche. Zu dem Punkt, den Leonie genannt hat, dass dadurch der Umgang mit den Begriffen wie „Hitler" und „Nazi" leichter fällt: Ich finde das nicht unbedingt positiv, wenn ich mir vorstelle, dass Kinder sich gegenseitig als Nazis betiteln.

LEONIE MÜLLER: Wobei ich so etwas bei vielen historischen Filmen bemängle. Es ist nun einmal Tatsache, dass in fast jeder Geschichte einer Nation ein oder sogar mehrere Genozide fester Bestandteil sind. Filme, die dieses Thema zur reinen Unterhaltung behandeln, sollten meiner Meinung nach immer einen kleinen Nachtrag enthalten. Ein Grund, weshalb die NS-Zeit so sensibel ist, ist nun einmal auch ihre Aktualität. Aber das macht andere Völkermorde bei weitem nicht weniger tragisch.

@Katja, ich gebe dir vollkommen Recht, dass es nicht in Ordnung ist, wenn Kinder anfangen, sich als Nazis zu betiteln. Allerdings ist das doch auch eine Erziehungsaufgabe. Ich wurde relativ früh mit dem Thema konfrontiert und habe (soweit ich das beurteilen darf) den richtigen Umgang mit dem Thema und die Tragweite solcher Begriffe sehr schnell gelernt. Außerdem glaube ich nicht, dass Kinder, die sich so beleidigen, das aus Filmen haben. Eher denke ich, dass sie so etwas bei Älteren aufschnappen. Die Entscheidung, was Kinder im Fernsehen zu sehen bekommen, ist ja letztendlich Elternsache.

KATJA ZHOLKOVSKA: Natürlich! Aber was ist denn mit den Kindern und Jugendlichen, die aus schlechten familiären Verhältnissen kommen, die nicht lernen, wie man damit umgehen soll? Mit denen, die zuhause gar nicht darüber sprechen? Das ist leider sehr oft der Fall, dass über dieses Thema erst in der Schule aufgeklärt wird, und solche Filme machen es nicht wirklich besser.

LEONIE MÜLLER: Ich glaube, dass derartiges Fehlverhalten auch noch in der Grundschule/frühen Mittelstufe korrigiert werden kann. Ich glaube aber ehrlich gesagt nicht, dass Kinder, wenn sie die Wahl haben, solche Filme sehen wollen. Welches Kind wird sich gezielt so ein Genre aussuchen? Ich vermute die wenigsten. Wobei das natürlich nicht ausschließt, dass einige ihren „Wortschatz" doch aus diesen Filmen beziehen. Das halte ich aber für die Ausnahme.

KATJA ZHOLKOVSKA: Na ja ich würde nie „einfach" davon ausgehen, dass Kinder sich bestimmte Filme nicht einfach so ansehen … Das Buch und der Film wurden zum Beispiel sehr gepusht und groß aufgezogen. Selbst wenn ihn sich nur ein kleiner Teil der Kinder ansieht, der zum dem Thema kein Grundwissen besitzt, kann das schon in eine falsche Richtung gehen.

LEONIE MÜLLER: Wobei sich dann auch die Frage stellt, wie der jeweilige Film Nazis darstellt. Wenn Kinder sich so betiteln, machen sie das mit der Absicht der Beleidigung. Wenn der Film solche Begriffe aber eher verharmlost, bin ich nicht sicher, ob dann nicht lieber auf andere Beleidigungen zurückgegriffen wird. Natürlich kann ich auch hier wieder nur mutmaßen, denn in der Frage, ob Kinder nun wirklich solche Filme nicht schauen, kommen wir wohl auf keinen gemeinsamen Nenner.

ANDREAS SCHULZ: Was glaubt ihr denn, was Jugendliche für ein Bild vom NS bekommen, wenn sie solch einen Film sehen?

LEONIE MÜLLER: Bei der Frage muss ich an Jakobs Aussage denken, dass es da zwei Kategorien von Filmen gibt. Ich denke, wie Kinder beeinflusst werden, hängt ganz von der Machart ab. Ich vermute aber, dass die NS-Zeit dadurch eher harmloser erscheint, was auch dagegen spricht, dass Beleidigungen unter Kindern wie z. B. „Nazi" von solchen Filmen herrühren.

ANDREAS SCHULZ: Aber nimmt so ein Film der Person Hitler nicht auch etwas von dem dämonisch Bösen in Person, wie er über Jahre (auch oft in der Wissenschaft) dargestellt wurde?

BERTRAM NOBACK: Nein. Da er völlig „verblödet" wird. Die Wahrheit liegt dazwischen. Hitler darf nicht verharmlost werden, indem er lächerlich gemacht wird!

ANDREAS SCHULZ: Aber bereits Charlie Chaplin hat Hitler völlig „verblödet". Dennoch hat das Lachen dabei eine befreiende Wirkung entfaltet und dazu geführt, dass man sich mit Hitler als Menschen auseinandersetzen konnte.

BERTRAM NOBACK: Ja, als Satire. Chaplins Film war voll von intellektuellem Humor auf m. M. n. sehr hohem Niveau. Nicht aber als Blödelfilm für Dummies: Popcorn, Bier, Hitler ...

KATJA ZHOLKOVSKA: Gut getroffen!

ANDREAS SCHULZ: Dieses Trikolon gibt es schon bei Fests Hitler-Biografie, das hat nicht erst die Filmbranche erfunden ...

 **KATHARINA MÜLLER:** Ich sehe es genauso wie Bertram. Ich kann schlecht gemachte Hitlerverarsche einfach nicht ertragen. Mich machen Leute aggressiv, die sowas lustig finden. Damit meine ich nicht Charlie Chaplin.

ANDREAS SCHULZ: Jetzt muss ich aber doch mal eine Lanze für *Er ist wieder da* brechen: Dieser Film zeigt meines Erachtens großartig, wie die heutige digitalisierte Gesellschaft auf Hitler reagieren könnte. Erst als ein Video viral geht, wie er einen Hundewelpen erschießt, wird Hitler wieder unbeliebt bei den Massen. Das ist doch eine großartige Satire auf all unsere Hunden- und Katzenfotoliebhabergesellschaft und ihr Verhältnis zu Geschichte: „Der Kerl soll für mehr als zehn Millionen Menschenleben verantwortlich sein? Der ist doch lustig. Er hat einen Hund erschossen? Skandal!!!"

BERTRAM NOBACK: @ Katharina, mich macht das nicht aggressiv. Aber der NS ist nicht unterhaltsam. Das war die schlimmste Diktatur aller Zeiten. Da kann man nicht einfach

nur unterhalten und sagen: „Cool, ein neurotischer Nazi" …
das ist geschmacklos!

Zu *Er ist wieder da*: Ich finde den z. T. nicht schlecht – stellenweise sogar sehr kreativ. Einige Stellen fand ich richtig gelungen und sehr lustig. Aber ohne sich mit dem NS intensiv beschäftigt zu haben, versteht man erstens viele Witze nicht. Zweitens kann im schlimmsten Fall ein harmloses lächerliches Bild von Hitler entstehen: Dorftrottel mit Schnauzbart mit altertümlicher Art zu sprechen und komischem Dialekt. Dass Hitler ein knallharter Verbrecher und Massenmörder war, wird völlig vergessen!

ANDREAS SCHULZ: Da gebe ich dir völlig recht. Hitler wird durch solche Filme zu einem lustigen Begleiter im Alltag. Fraglich ist m. E. dennoch, ob wir dadurch gleich vergessen, dass er ein Massenmörder war. Wie sehen das die anderen?

KATHARINA MÜLLER: Es kommt für mich, wie bereits erwähnt, auf den Wissensstand und das daraus resultierende Urteilsvermögen des Rezipienten an. Ich bin mir sicher, jeder aus dieser Gruppe kann sich Filme wie diese reflektiert ansehen. Bei dem Gedanken daran, welch falschen Eindruck Kinder/Jugendliche von Hitler und der NS-Zeit bekommen könnten, denen dieses Wissen und das Urteils- und Reflexionsvermögen fehlt, wird mir ehrlich gesagt ganz anders …

18. Oktober

BERTRAM NOBACK: Morgen allerseits. Nachdem wir ja gestern über Humor/Unterhaltung in der filmischen Darstellung des NS geschrieben haben, würde ich das jetzt gerne auf den Unterricht anwenden. Also: Ist ein Einsatz solcher Filme in der Schule denkbar?

KATHARINA MÜLLER: Ich kann mir nicht vorstellen, diese Filme komplett zu zeigen. Mal davon abgesehen, dass man jetzt auch nicht gerade en masse Zeit zur Verfügung hat, da würde ich vor den Ferien auf andere Filme zurückgreifen. Ich könnte mir allerdings vorstellen, einen Trailer als Stundeneinstieg in der Oberstufe abzuspielen, mit der Frage: Wie gestaltet sich der Umgang mit dem NS heute? Darf man das? Viele Schüler werden

den Film kennen und etwas dazu sagen können. So können Filme wie diese bzw. ein Umgang mit ihnen thematisiert werden, der den Jugendlichen hilft, so etwas in Zukunft richtig einzuordnen, ohne dass man ihnen den kompletten Film zeigt.

PHILIPP HACK: Na ja das kommt auf die Ziele des Unterrichts bzw. der Stunde an.

Als reine Informationsquelle oder Lückenfüller im Unterricht und ohne darüber zu sprechen wird genau das passieren, was wir gestern bereits diskutiert hatten: Die Schüler sehen es eher als Unterhaltung, verstehen vieles eventuell nicht mit der Ernsthaftigkeit, die dahintersteckt, und bekommen ein falsches Bild des NS/von Hitler vermittelt. Aber wer diesen Film zeigt mit dem Ziel, den Schülern näherzubringen, wie Hitler und der NS heute z. T. dargestellt werden, um im Anschluss darüber zu diskutieren, wie dieser Film zum bereits Gelernten gepasst hat, und wo signifikante Unterschiede in der Darstellung sind, der macht meiner Meinung nach nichts falsch. Es ist um einiges besser, diese Filme im Unterricht zu zeigen oder zumindest anzusprechen, als die Schüler sich diese nur in der Freizeit anschauen zu lassen. So bringt man sie wenigstens zum kritischen Nachdenken im Nachhinein, statt dass sie diese Filme gar nicht reflektieren.

LEONIE MÜLLER: Meine Meinung deckt sich mit Philipps Meinung.

„KUNST DARF ALLES."
WELCHE CHANCEN UND GRENZEN BESITZT DIE KUNST ALS ZUGANG ZUR NS-ZEIT?

20. Oktober

BERTRAM NOBACK: Kommen wir vom Film zur Kunst im Allgemeinen. Beginnen wir vielleicht mit der Musik: 2013 wurde in Düsseldorf die Oper *Tannhäuser* von Richard Wagner aufgeführt. Dabei wurde auch eine Vergasung auf der Bühne nachgestellt, was einen riesigen Skandal in der Öffentlichkeit auslöste. Was denkt ihr? War das zu krass?

 **TORBEN HOYER:** Nein, nicht zu krass. Siehe meine Ausführungen zur künstlerischen Freiheit oben.

JAKOB FLEMMING: Nein, konkret nicht. Die Inszenierung machte damit Richard Wagners Antisemitismus zum Thema. Das heißt aber nicht, dass mit der oftmals gedankenlosen Berufung auf „künstlerische Freiheit" alles erlaubt wäre. In dem Kontext vielleicht passend: Der YouTuber Juliens Blog wollte zur Zeit des Bahnstreiks den GDL-Chef „eigenhändig nach Auschwitz fahren". Er wurde zu Recht verurteilt trotz seiner vermeintlichen Rechtfertigung, das sei Kunst gewesen.

 **VIVIEN FRITSCH:** Nein, denke ich auch nicht, vielleicht regt es einige Menschen zum Denken an, wenn sie so etwas sehen.

JAKOB HÖHL: Grundsätzlich würde ich sagen, Kunst darf alles. Die viel spannendere Frage finde ich aber auch: Was ist denn überhaupt Kunst? Computerspiele zum Beispiel werden in Deutschland grundsätzlich nicht als Kunst angesehen, weshalb Hakenkreuze in Computerspielen immer zensiert sein müssen, im Fernsehen geht das aber wiederum klar.

BERTRAM NOBACK: @Vivien, muss ich jegliche Grenzen überschreiten, um zum Nachdenken anzuregen?

VIVIEN FRITSCH: Nein, sicher nicht, bei einigen Menschen wird man sowieso nichts erreichen, ganz egal, wie viele Grenzen wir überschreiten. Aber ich denke, in einer Oper ist diese Form von Darstellung okay.

BERTRAM NOBACK: Was bringt eine solche Provokation? Ich glaube nicht, dass das noch schockiert oder irgendeinen Denkprozess auslöst. Das ist einfach stupide Effekthascherei.

TORBEN HOYER: Kunst oder nicht, wenn wir das Thema weiterhin so tabuisieren und bloß unter den Gesichtspunkten moralisch erlaubt/nicht erlaubt betrachten, dann kommen wir nie zu einem, so hatten wir uns geeinigt, erwünschten „normalisierten" Umgang. Das heißt nicht, dass man nicht auch zu weit gehen kann, aber das trifft auf alle Themen zu. Ich störe mich bloß daran, dass der NS eine derart einmalig prominente Stellung in Medien und Gesellschaft hat, welcher sich einzig auf möglichst reißerische Berichterstattung und spektakuläre Vorwürfe beschränkt. Das kann nicht die Form von Erinnerung sein, die wir heutzutage anstreben sollen.

LEONIE MÜLLER: Liegt Kunst nicht immer im Auge des Betrachters?

TORBEN HOYER: Sowieso. Siehe Beuys: Alles, was Menschen dafür halten, ist auch Kunst.

LEONIE MÜLLER: Die Frage, was Kunst ist, finde ich übrigens sehr interessant. Meiner Vorstellung nach ist Kunst ein kreatives Ausleben, ein Kunstwerk, ein daraus resultierendes Objekt. (Um das Verbot der Darstellung von Hakenkreuzen in Videospielen mal aufzugreifen, spreche ich mich klar dagegen aus, da Videospiele meiner Meinung nach auch Kunst sind.)

JAKOB FLEMMING: Im konkreten Fall: Richard Wagner gilt immer noch als großer Komponist, kaum jemand weiß, dass der Mann überzeugter Antisemit war. Ohne die Vorstellung zu kennen, kann so eine drastische Darstellung zur Auseinandersetzung mit genau so etwas anregen.

LEONIE MÜLLER: Ich kenne das Stück ebenfalls nicht, allerdings stört mich diese Szene wenig. Das Thema auf ewig zu tabuisieren trägt wohl nicht zu einer erfolgreichen Aufarbeitung bei. Kunst soll die Menschheit nicht nur erfreuen. Gute Kunst sollte polarisieren. Vielleicht auch provozieren. Dass dieses Stück so in der Diskussion steht, befinde ich daher für gut, so bleibt das Thema aktuell und es wird offener darüber geredet. Solange in dem Stück nicht aktiv Antisemitismus propagiert wird, habe ich nichts dagegen.

TORBEN HOYER: Wagner lebt aber nicht heute. Wir müssen auch historisieren. Alexander der Große hatte auch Sklaven und Luther hat (neben Juden) gegen aufständische Bauern gehetzt. Aus heutiger Sicht ist das zu verurteilen, aber damals ist halt nicht heute.

JAKOB FLEMMING: Historisieren bedeutet nicht, beliebig ausgewählte Seiten einer historischen Person oder Situation, die einem nicht passen, aus dem allgemeinen Bewusstsein wegzulassen.

BERTRAM NOBACK: @Torben, das grenzt mir fast schon an Relativierung … „War damals halt ok. Kann man nichts machen …" Daher meine Frage an alle: Braucht unsere Gesellschaft solche Provokationen, um wachgerüttelt zu werden? Dann ist aber die von Torben gewünschte Normalisierung nicht vorhanden …

JAKOB HÖHL: Man darf es nicht relativieren. Es sollte einem schon klar sein, dass quasi jede historische Person auch ihre Schattenseiten hatte. Aber man muss das dann doch auch im historischen Kontext sehen. Natürlich kann man jetzt sagen, viele große Deutsche waren Antisemiten, die amerikanischen Gründerväter haben Sklaverei zugelassen und das französische Volk hat während der Revolution kein Frauenwahlrecht gefordert. Aber das heißt für mich nicht, dass das schlechte Menschen waren, nur weil sie unseren modernen Ansprüchen des 21. Jahrhunderts nicht genügen.

JAKOB FLEMMING: Nicht zwingend. Man kann auch ohne Provokation „wachrütteln" oder aufklären.

BERTRAM NOBACK: Wie kann man deiner Meinung nach sonst wachrütteln?

JAKOB FLEMMING: Durch alles, was etwas vermittelt. Ich muss keine Gaskammer inszenieren, um auf das aufmerksam zu machen, auf das ich aufmerksam machen möchte. Provokation kann aber natürlich auch ein adäquates Mittel sein.

BERTRAM NOBACK: Zum letzten Satz: Wann? Unter welchen Bedingungen?

JAKOB FLEMMING: Aus Sicht des Provokateurs kann es immer adäquat sein. Ob es zielführend ist, hängt vom Provozierten ab. Das Wagner-Stück war offensichtlich in manchen Fällen nicht zielführend – viele Zuschauer waren ja empört. Andere hat es möglicherweise zur Auseinandersetzung angeregt.

TORBEN HOYER: @Bertram, ich habe nicht relativiert. Ich stelle bloß fest, dass wir die Vergangenheit nicht nach moralischen Maßstäben des liberalen Westens des 21. Jahrhunderts bewerten sollten. Sich mit Wagner sinnvoll auseinanderzusetzen ist gut, aber dann doch bitte nicht nach dem Muster „Wagner = Nazi, ergo Wagner = doof". Damit ist niemandem gedient.

JAKOB FLEMMING: Es geht doch erstmal nur darum festzustellen, dass Wagner Antisemit war. Und da der Vernichtungsantisemitismus konstitutiv für den NS ist, ist die Kategorie „Nazi" gar nicht so weit weg. Wo ist jetzt genau der Grund, auf so etwas in der Kunst oder sonst wo nicht hinweisen zu sollen? Wagner Unrecht tut man damit keinesfalls.

TORBEN HOYER: Dem stimme ich zu. Mein Punkt war aber festzustellen, dass eine Reduzierung und singuläre Fokussierung darauf einer „Normalisierung" der Debatte (denn das war unser erklärtes Ziel für eine Erinnerungskultur 2018) verhindert und zugunsten von spektakulären Schlagzeilen à la Knopp verschiebt.

21. Oktober

BERTRAM NOBACK: Welche Erfahrungen habt ihr mit einer Behandlung des NS mit künstlerisch-ästhetischen Zugängen in der Schule gemacht? Ich denke z. B. an Lieder, Gemälde, Gedichte, Literatur. Ich habe bisher häufig mit der Todesfuge und Bildern von Felix Nussbaum gearbeitet.

JAKOB HÖHL: Überhaupt keine. Ich kann mich nicht erinnern, jemals irgendein Bild, Gedicht oder Lied zu dem Thema im Unterricht besprochen zu haben.

TORBEN HOYER: Gleichfalls. Nur Filme fallen mir ein.

LEONIE MÜLLER: Wir haben die *Welle* gelesen und ein paar Fotos von der Auschwitz-Rampe angesehen.

KATHARINA MÜLLER: Ich habe leider in meiner Schulzeit auch keinerlei Erfahrungen in diese Richtung gemacht, ich kann mir jedoch gut vorstellen, später als Lehrerin einen ästhetisch-künstlerischen Zugang zu wählen, gerade auch fächerübergreifend mit Deutsch (*Todesfuge*, aber auch Exilliteratur/-lyrik z. B. Brecht) und Kunst (z. B. Nussbaum, Helga Weiss). In unserem Holocaust-Education-Seminar wurde Spiegelmans Comic *MAUS* vorgestellt, für mich neu und spannend!

22. Oktober

BERTRAM NOBACK: Wo seht ihr denn mögliche Vorteile eines solchen Materials gegenüber einem rein auf Faktenvermittlung angelegten Geschichtsunterricht?

JAKOB HÖHL: Emotionaler Zugang und angeregtes Interesse. Tagebücher oder andere Werke von Jugendlichen sind ein prima Mittel dafür, weil man sich automatisch mehr dafür interessiert, wenn man sich in die erzählenden Personen hineinversetzten kann.

„BEI FUSSBALLFANS GIBT ES GRENZEN DER AUFKLÄRUNG." WIE WEIT SOLLTE ERINNERUNG IM ÖFFENTLICHEN RAUM GEHEN?

25. Oktober

ANDREAS SCHULZ: Heute kursiert die Meldung, dass der Präsident des italienischen Fußball-Clubs Lazio Rom jährlich 200 Jugendliche aus dem Verein zu einem Auschwitz-Besuch begleiten möchte. Zudem solle vor dem nächsten Spiel im Stadion eine Lesung aus Anne Franks Tagebuch stattfinden. Hintergrund war, dass „Fans" des Vereins bei einem Spiel gegen AS Rom das Stadion mit dem Konterfei Anne Franks beklebt hatten, um AS-Fans als „Juden" und „Schwuchteln" zu beschimpfen, die am besten nach Ausschwitz deportiert werden sollten. Was meint ihr zu der Reaktion des Vereins?[5]

KATJA ZHOLKOVSKA: Krass, dass die so was machen!

ANDREAS SCHULZ: Meinst du, das bringt was? Eine schöne Geste ist es allemal ...

KATJA ZHOLKOVSKA: Ich bin mir nicht so sicher. Befürchte, dass es sehr provokant ist.

JAKOB FLEMMING: Bei Fußballfans darf man wenig Hoffnung haben. Adorno hat in ihnen ja zu Recht das Potential zu Faschisierung und Barbarisierung erkannt. Und wenn man sich heute die pöbelnden Fußball-Mobs so anschaut, ob in Deutschland, Italien oder anderswo, scheint so eine Lesung doch eher vergebliche Mühe zu sein.

ANDREAS SCHULZ: Na ja gerade im Fußball bemerke ich da in den letzten Jahren aber eine immer größere Popularität solcher Themen. Der DFB verleiht seit einiger Zeit z. B. jährlich den *Julius Hirsch Preis*.

TORBEN HOYER: Das ist doch bescheuert. Wem ist damit gedient? Die Fans sind genervt und die überzeugten Nazis erreicht man damit nicht.

LEONIE MÜLLER: Kann man überzeugte Nazis denn erreichen? Und wenn ja wie?

JAKOB HÖHL: Ich glaube, das sind aber keine überzeugten Nazis … Das sind einfach (wahrscheinlich) ungebildete Menschen, die Fußball über alles stellen und sowas witzig finden.

ANDREAS SCHULZ: Meint ihr, man kann, wie Leonie fragt, solche Leute erreichen, indem Erinnerung im öffentlichen Raum permanent präsent ist? Meines Erachtens stiften solche Aktionen zumindest eine gemeinsame Identität für diejenigen, die die Erinnerung wachhalten wollen.

JAKOB HÖHL: Ich denke, dass man überzeugte Nazis damit eher provoziert, sich noch mehr in der Öffentlichkeit zu präsentieren. Finde das aber trotzdem eine sehr gute Geste.

JAKOB FLEMMING: Bei überzeugten Nazis gibt es nun einmal eine Grenze der Aufklärung, bei Fußballfans ebenso. Der muss man sich bewusst sein. Was der DFB macht, steht ja auf einem ganz anderen Blatt Papier. In Deutschland rühmt man sich ja ohnehin gerne nicht nur als Fußball-, sondern auch als Erinnerungsweltmeister. Insofern dienen solche Aktionen z. B. die des DFB ja meist nur der Eigen-PR und weniger der dringend notwendigen Sache.

ANDREAS SCHULZ: Aber mit dieser Arbeit fördern sie ja Projekte, die sich gegen rechts engagieren. Und helfen solche Projekte nicht auch, anderen Zielgruppen diese Zeit ins Gedächtnis zu rufen?

JAKOB HÖHL: @Jakob Flemming, macht der Beweggrund solche Aktionen denn überhaupt weniger sinnvoll/nützlich/richtig? Oder kann man sagen, was zählt, ist einfach nur, dass Aktionen gegen rechts stattfinden, egal ob die primäre Intention nun die Prävention/Aufklärung oder etwas anderes ist.

@Andreas, sehe ich auf jeden Fall so. Das ist ja ein Signal, das nicht nur an die Fans im Stadion geht. Durch die Berichterstattung wird da national und wie bei uns auch international darüber diskutiert und das hilft, die Erinnerung wach zu halten. Auch der große, nicht rechtsradikale Teil der Fans wird dadurch sensibilisiert und ich bin mir sicher (ohne das jetzt recherchiert zu haben), dass viele Fanclubs, Vereine und Spieler sich bereits von so einem Verhalten distanziert haben bzw. es verurteilt haben.

JAKOB FLEMMING: Natürlich ist der Beweggrund entscheidend. Vor allem in Deutschland ist die eigene gefühlte „Wiedergutwerdung" oft wesentlicher Zweck der Erinnerungskultur. Anlässlich des Jubiläums des Holocaust-Mahnmals in Berlin hat der Historiker Eberhard Jäckel mal gesagt: „In anderen Ländern beneidet man uns um dieses Mahnmal." Abgesehen davon ist z. B. die Aktion in Italien eine gute und richtige, auch wenn Fußballfans als Zielgruppe schwierig in dem Zusammenhang sind.

KATHARINA MÜLLER: Ich finde so eine Aktion allein schon deshalb richtig, weil ein ganz klares Signal gesetzt wird: Antisemitismus wird bei uns nicht geduldet! Derart konsequente Signale ganz gleich welcher Gestalt verhindern, dass es zu einer Herabsetzung der Hemmschwelle kommt, sich antisemitisch, rassistisch, rechtsradikal zu äußern. Es darf einfach nicht sein, dass menschenverachtende Äußerungen/Handlungen jeglicher Art wieder salonfähig gemacht werden und es keinen Aufschrei der Entrüstung gibt.

BERTRAM NOBACK: Obwohl ich Zwangsgedenken ansonsten ablehne, finde ich das als Zeichen gut. Es schleicht sich gerade heute wieder ein Denken ein, das man bekämpfen muss.

ANDREAS SCHULZ: Was ist denn für dich ein Zwangsgedenken beispielsweise?

BERTRAM NOBACK: Wenn es einen Druck/Zwang zur Erinnerung gibt, dem ich mich als autonom denkender Bürger nicht entziehen kann.

ANDREAS SCHULZ: Also zum Beispiel der Tag der deutschen Einheit?

BERTRAM NOBACK: Ich beziehe das eher speziell auf die Erinnerung an die NS-Zeit. Aber nicht der Termin an sich ist das Problem. Ich gestalte ja solche Tage auch immer wieder mit Schülern. Die Art und Weise ist das Problem. Damit meine ich beispielsweise Formen der Erinnerung wie z. B. analog zur Betroffenheitspädagogik …

12. November

BERTRAM NOBACK: Einen schönen Abend allerseits. Heute geht es um das Thema „Widerstand"; dazu haben wir einen Experten eingeladen, Thomas Altmeyer. Hallo Thomas. Kannst du dich kurz vorstellen?

THOMAS ALTMEYER: Hallo! Ich bin wissenschaftlicher Leiter beim Studienkreis Deutscher Widerstand 1933–1945 in Frankfurt, arbeite aber auch in der KZ-Gedenkstätte in Neckarelz und habe regelmäßig Lehraufträge an der Uni Frankfurt.

BERTRAM NOBACK: Fangen wir einmal allgemein an: Was versteht ihr unter „Widerstand"?

MARCO LA LICATA: Kampf oder Arbeit gegen ein Herrschaftssystem, häufig, aber nicht unbedingt, politisch.

KATHARINA MÜLLER: Wie kann denn Kampf oder Arbeit gegen ein Herrschaftssystem unpolitisch sein?

MARCO LA LICATA: Herrschaftssysteme müssen keine politischen Systeme sein: Eltern/Kind, Lehrer/Schüler, Chef/Angestellter sind in einem weiten Sinn auch Herrschaftssysteme.

KATHARINA MÜLLER: Ach so, Herrschaftsstrukturen als Machtstrukturen?

MARCO LA LICATA: Ja so in die Richtung, der Jurist kennt sich damit nicht zwingend aus ;-)

KATHARINA MÜLLER: Ich würde Widerstand abgrenzen vom Nonkonformismus, als bloße Abwesenheit von Mitwirkung am Herrschaftssystem. Nach diesem Widerstandsverständnis wäre die aktive Tat dann konstituierend.

 **JAKOB HÖHL:** Sehe ich genauso wie Katharina. Für mich ist Widerstand ein aktiver Kampf gegen ein System oder eine Gruppierung.

THOMAS ALTMEYER: Was würdet ihr denn dann als Widerstandshandlung sehen?

MARCO LA LICATA: Das kann vom Drucken von Arbeiterzeitungen und der Agitation bis zum berühmten „Tyrannenmord" gehen.

KATHARINA MÜLLER: Verweigerung von Befehlen, Gesetzen, Maßnahmen, Öffentliche Stellungnahmen, Verteilen von Flugblättern, Attentate …

MARCO LA LICATA: Aber auch parlamentarisch kann man in manchen Systemen Widerstand leisten; auch Sabotage ist eine Möglichkeit.

BERTRAM NOBACK: Kommen wir mal konkret zum Nationalsozialismus.

MARCO LA LICATA: Flugblätter, Sabotage, Zeitungen, Attentate.

BERTRAM NOBACK: Was wäre z. B. in meiner Rolle als Lehrer für euch Widerstand? Im Unterschied zu Nonkonformismus?

MARCO LA LICATA: Kritische Literatur an Schüler bringen.

KATHARINA MÜLLER: Das is.. so ein schwieriges Thema! Einfach gesagt: Eindeutige Positionierung gegen die NS-Ideologien. Kritische Literatur durchzunehmen wäre etwas subtiler. Die Gefahr bleibt.

BERTRAM NOBACK: Ist das wirklich Widerstand?

MARCO LA LICATA: Widerstand muss nicht mit Gewalt zusammenhängen.

KATHARINA MÜLLER: Nun ja, Autoren zu behandeln, die auf der schwarzen Liste standen, war eindeutig verboten.

THOMAS ALTMEYER: Und wäre das überhaupt sinnvoll, wenn er wirklich illegal im Widerstand aktiv ist und daheim Flugblätter produziert o. ä.?

MARCO LA LICATA: Agitation bzw. Menschen für den Widerstand zu gewinnen ist strategisch sinnvoller als Einzeltaten.

BERTRAM NOBACK: Aber unter Umständen auch riskanter.

 **JAKOB FLEMMING:** Im Kontext des NS ist m. M. n. all jenes Widerstand, was 1. das Ziel hat, die nationalsozialistische Herrschaft zu schädigen und was 2. ganz bewusst über die Grenze des normalerweise vom Regime Tolerierten hinausgeht.

MARCO LA LICATA: Wenn du gegen ein System wie den Nationalsozialismus Widerstand leistest, dann musst du immer damit rechnen, dass du nich.. mehr lange lebst. Klar, man kann jetzt nicht antifaschistische Literatur im Unterricht behandeln, aber man kann sie wenigstens zugänglich machen. Ob das schon Widerstand ist, da würde ich mich Jakob Flemmings Überlegungen anschließen.

BERTRAM NOBACK: Versucht euch mal von eurer heutigen Position in die NS-Zeit hineinzuversetzen: Was hättet ihr tun können, um euch dem NS zu widersetzen?

JAKOB FLEMMING: Man hätte alles tun können: Von Nazis umbringen über kleinere Akte des Widerstands bis hin zum Flüchten. Aber grundsätzlich führt diese Frage zu nichts, glaube ich.

MARCO LA LICATA: Als Kommunist würde ich ziemliche Probleme haben noch irgendwas zu machen. Aber mal abgesehen davon, im Prinzip genau das, was ich gesagt habe: Flugblätter oder Zeitungen produzieren und an die Leute bringen; vielleicht Brandanschläge auf Zugoberleitungen oder ähnliches.

THOMAS ALTMEYER: Ich finde, da hat es der Widerstand in Frankreich und Italien dann einfacher gehabt: da gab es eine große zustimmende Menge, die irgendwie den Widerstand gut hieß oder ihn direkt unterstützte. Im Reich war man isoliert.

KATHARINA MÜLLER: Mir würde da so viel einfallen! Vor allem sich zu organisieren, auch ins Ausland zu gehen, um möglichst viel erreichen zu können. Allerdings muss ich sagen, dass ich „zugeben" muss, dass sich meine Einstellung dazu auf jeden Fall verändert hat, seit ich ein Kind habe. Früher hätte ich gesagt, ich wäre zu allem bereit gewesen …

THOMAS ALTMEYER: Wobei ja auch Mütter Widerstand geleistet haben: die Kinder von Johanna Kirchner haben Nachrichten ins Exil und zurück gebracht. Flugblätter wurden im Kinderwagen transportiert. Aber klar, mit Familie denkt man anders. Muss sicher zumindest noch gründlicher überlegen, ob und was für ein Risiko man eingeht.

KATHARINA MÜLLER: Ja, in diesem Falle muss anders geplant werden, ganz klar. Ich kann mir wirklich nicht vorstellen, nichts zu tun.

BERTRAM NOBACK: Jetzt mal eine andere Ebene: Sind Menschen, die keinen Widerstand leisteten, moralisch zu verurteilen?

JAKOB HÖHL: Wenn wir „Widerstand" als aktiven Kampf definieren, nein. Gerade wenn man Verantwortung für seine Familie hat, wäre es doch eher moralisch zu verurteilen, wenn man sein Leben und damit auch ihres aufs Spiel setzt.

MARCO LA LICATA: Moralisch zu urteilen ist schwierig. Finde nicht, dass es krass zu verurteilen ist, nichts zu tun, auch wenn es wirklich deprimierend ist, wie viele Menschen – gerade in Deutschland – sich aus der Politik „raushalten". Damals wie heute. Vielleicht würde ich die Menschen auf einer menschlichen Ebene verurteilen.

THOMAS ALTMEYER: Manchmal ist es auch ein schmaler Grat zwischen Mitmachen und Dagegensein.

JAKOB FLEMMING: Wer dagegen war, hatte in der einen oder anderen Form, ohne zwingend Widerstand zu leisten, jede Möglichkeit, das zu zeigen. Dieses ständige Gerede von der Schwierigkeit, Widerstand zu leisten oder eine andere, kleine Form des Nonkonformismus zu zeigen, lenkt davon ab, dass die allermeisten Menschen das überhaupt nicht wollten.

MARCO LA LICATA: Ich würde mir aber nicht anmaßen, von Menschen zu verlangen, ihr Leben aufs Spiel zu setzten.

THOMAS ALTMEYER: Das sind schon zwei Paar Schuhe, oder? Etwas Essen für Zwangsarbeiter „aus Versehen" liegen zu lassen oder Flugblätter zu verbreiten oder gar ein Attentat zu organisieren. Andererseits sind auch Leute hingerichtet worden, die Feindsender gehört haben.

 **LEONIE MÜLLER:** Da stimme ich Marco zu. Der Großteil der Bevölkerung wollte wohl in erster Linie einfach selbst durch harte Zeiten kommen. Ich finde auch die Frage interessant, wie ich wohl gehandelt hätte.

MARCO LA LICATA: Vor Kriegsbeginn hat der Großteil der Bevölkerung halt profitiert. Widerstand wäre vor allem vor 1933 wichtig gewesen … Faschisten muss man platt machen, bevor sie den Staat kontrollieren.

JAKOB HÖHL: Nicht nur Faschisten. Alle extremen, demokratiefeindlichen Bewegungen müssen „platt gemacht werden" – bevor sie an die Macht kommen.

MARCO LA LICATA: Nach dem Motto: lieber als guter Sozialdemokrat erstmal die Kommunisten auf der Straße verprügeln. Hitler schafft es eh nicht an die Macht …

 **ANDREAS SCHULZ:** Das führt m. E. etwas vom Thema weg: Denn auch die Kommunisten haben versucht, den Staat auszuhöhlen – und bedeuteten eine große Gefahr für die Demokratie.

BERTRAM NOBACK: Also: Zwischenfazit und Fragen an Thomas Altmeyer?

MARCO LA LICATA: Über die moralische Bewertung der Frage „Was ist Widerstand/kein Widerstand" lässt sich streiten.

JAKOB HÖHL: Fazit: Widerstand zu leisten ist immer eine schwierige Sache, die häufig erst dann geschieht, wenn es bereits zu spät ist. Auch muss man immer den Wert seines eigenen Lebens aufwiegen.

LEONIE MÜLLER: Schließe mich dem Fazit an.

JAKOB FLEMMING: Fazit: Das permanent wiederholte Bekenntnis, Widerstand zu leisten sei ja wahnsinnig schwer gewesen, suggeriert fälschlicherweise, viele Leute hätten das tun wollen.

THOMAS ALTMEYER: Ich denke schon, dass es schwierig war Widerstand zu leisten. Gerade weil so viele vom System überzeugt waren. Und trotzdem haben es einige gewagt. Da habe ich schon Respekt.

KATHARINA MÜLLER: Thomas, spiegelt unser Chat zu diesem Thema ansatzweise wider, was Sie in ihrer Arbeit erleben?

THOMAS ALTMEYER: Was Widerstand ist und was Opposition, Nonkonformismus oder Dissens ist oft umstritten. Peter Gingold meinte mal, dass man den Menschen vor 1933 zugutehalten müsse, dass diese nicht wussten, was der NS sein wird. Wir wissen, was er war.

ANDREAS SCHULZ: Und dennoch gab es einige, die bereits weit vor 1933 zu wissen schienen, was Nationalsozialisten an der Macht bedeuten würden. Gehört hat sie damals kaum jemand.

13. November

BERTRAM NOBACK: Marco schrieb gestern, dass Widerstand vor 1933 wichtig gewesen wäre. Was denkt ihr?

LEONIE MÜLLER: Auf jeden Fall. Hätte man den Aufstieg der NSDAP verhindern können, wäre vieles vermutlich anders gekommen.

BERTRAM NOBACK: Hätte man wirklich den Aufstieg der NSDAP verhindern können? Und wenn ja, wie?

TORBEN HOYER: Im Nachhinein ist es immer leicht, einen Punkt zu finden, an dem man hätte Widerstand leisten müssen. Ich bezweifle jedoch, dass die Gefahr des aufkommenden NS allen so bewusst war.

LEONIE MÜLLER: Ich weiß nicht, ob es möglich gewesen wäre, aber man hätte z. B. Adolf Hitler nach seinem Putschversuch die Teilnahme an der Politik irgendwie verbieten können.

TORBEN HOYER: Aus strukturalistischer Sicht hätte man den NS wohl nicht verhindern können.

KATHARINA MÜLLER: Ich glaube tatsächlich auch, dass den meisten vor 1933 nicht bewusst war, was tatsächlich passieren kann, wenn die NSDAP an die Macht kommt. Ich fand den Impuls, den Thomas Altmeyer gestern eingebracht hat, sehr interessant: Wir wissen aus unserer heutigen Perspektive, was der NS war. Das wussten die Menschen damals noch nicht. Ich glaube, aus diesem Grund halte ich es für unbedingt notwendig und auch für unsere Pflicht, heute gegen rechte Tendenzen direkt vorzugehen.

JAKOB FLEMMING: Aber glaubst du, die Leute wären dagegen gewesen, hätten sie es gewusst?

KATHARINA MÜLLER: Gute Frage! Ich hoffe es doch sehr …

LEONIE MÜLLER: Hängt doch vermutlich damit zusammen, ob ihnen im Falle eines frühen Widerstandes Konsequenzen gedroht hätten.

BERTRAM NOBACK: Was haltet ihr von der Weißen Rose? Hat das wirklich Sinn gemacht, 1943/44 noch Flugblätter zu schreiben?

TORBEN HOYER: Politisch nicht, moralisch schon.

BERTRAM NOBACK: Wie seht ihr Stauffenberg? Ein deutscher Held?

KATHARINA MÜLLER: Oh, sehr umstritten …

LEONIE MÜLLER: Zweifellos hat er Mut bewiesen … Das rechne ich ihm an!

KATHARINA MÜLLER: … aber reichlich spät.

LEONIE MÜLLER: Das ist richtig! Dennoch hat er es gewagt, sich gegen Hitler zu erheben.

KATHARINA MÜLLER: Überzeugter Nationalsozialist war er dennoch und hat dazu beigetragen, dass es überhaupt so weit gekommen ist.

JAKOB FLEMMING: Und er hat nie seine nationalsozialistische Überzeugung abgelegt. Insofern sind viele andere, weniger präsente Widerständler sehr viel eher als Helden zu bezeichnen.

KATHARINA MÜLLER: So sehe ich es auch.

BERTRAM NOBACK: Wie sieht es mit Georg Elser aus?

JAKOB HÖHL: Ich finde, wir müssen jedem Respekt zollen, der sich gegen Hitler gestellt hat, gerade auch Stauffenberg und seinen Mitverschwörern. Da stand ja mehr dahinter, als nur Hitler zu töten. Aber ob man von irgendeinem Nationalsozialisten als Held sprechen sollte, halte ich für problematisch.

LEONIE MÜLLER: Wie würdet ihr denn einen „Helden" definieren? Muss ein Held der „richtigen" Seite angehören, muss ein Held erfolgreich sein oder Großes vollbringen?

KATJA ZHOLKOVSKA: Ich würde sagen, dass der Begriff des Helden nicht allgemein definiert werden kann, da ein Held für jeden Menschen etwas anderes darstellt. Georg Elser beispielsweise ist in meinen Augen ein Mensch, der vielleicht kein Held in dem Sinne ist, dennoch hat er eine heldenhafte Tat versucht durchzusetzen; und damit sein eigenes Leben riskiert …

LEONIE MÜLLER: Jeder kann ihn ja für sich selbst definieren, darum ging es mir bei der Frage auch, ich wollte keine allgemeingültige Definition finden.

KATJA ZHOLKOVSKA: Ach so, du möchtest hören, was für jeden von uns ein Held ist?

LEONIE MÜLLER: Ja, das würde mich interessieren.

JAKOB HÖHL: Ein Held ist für mich jemand, der Großes zum Wohl anderer Menschen vollbracht hat. Wobei ich mich direkt korrigieren muss. Wie Kant schon sagte, der Wille zählt. Weder Elser, noch Stauffenberg oder die Scholls waren besonders erfolgreich.

KATJA ZHOLKOVSKA: Für mich ist ein Held jemand, der moralisch handelt und die eigenen Interessen hinter die der anderen stellt. Damit handelt er im Sinne aller.

JAKOB FLEMMING: Für mich kommt noch dazu, dass die Person hehre Ziele hatte. Man kann ja auch mit „falschen" Absichten etwas zum Wohl anderer tun.

THOMAS ALTMEYER: Entrückt man mit „Held" nicht den Widerständler von unserer normalen Lebenswelt? Wird er dadurch nicht unerreichbar? Sollte man sie nicht lieber als normale Menschen mit Schwächen darstellen?

KATJA ZHOLKOVSKA: Aber ist das nicht die Frage der Definition? Ich würde einen Helden meiner Ansicht nach nicht als fehlerfrei bezeichnen.

LEONIE MÜLLER: Fehlerfreie Menschen gibt's auch nicht …

KATJA ZHOLKOVSKA: Ich persönlich denke, dass es wichtig ist zu verstehen, dass Widerstandskämpfer Menschen sind wie du und ich, dass sich jeder ein Beispiel daran nehmen kann, denn wenn nicht nur ein oder zwei Ausnahmen für die Gerechtigkeit einstehen, sondern alle mitziehen, kann man viel mehr bewirken.

ANDREAS SCHULZ: Das sind Allgemeinplätze aus dem Abreiß-kalender. Stauffenbergs antidemokratische Einstellung ist aus meiner Sicht kein „Fehler", über den man einfach wegschauen kann, weil eben jeder Mensch „Fehler" und Schwächen besitzt. Dieser Mensch wäre sicher kein „Held der Demokratie" geworden … Außerdem glaube ich in diesem Falle nicht, dass alle Widerstandskämpfer, mit denen wir uns hier bisher beschäftigt haben, Menschen wie du und ich sind: Stauffenberg hatte direkten Zugang zur obersten Führungsriege des NS-Staats. Da muss man erst einmal hinkommen, um eine Bombe legen zu können. Daher meine Frage an Thomas: Muss man sich mit Widerständlern identifizieren können? Welche Funktion hat die Beschäftigung mit solchen Personen in der Vermittlungsarbeit?

THOMAS ALTMEYER: Es ist einfacher, sich ihnen zu nähern, wenn man Gemeinsamkeiten hat. Z. B. wenn Jugendliche erst ihre eigene Subkultur leben und dann darüber hinaus anfangen, Widerstand zu leisten. Und dann kommt man, glaube ich, schnell zu Entscheidungssituationen, wo man sich fragen kann „was hätte ich gemacht"?

TORBEN HOYER: Ein wirkliches Problem, das ich hier sehe, ist folgendes: Wenn (z. B. im Unterricht) Widerstand und dessen Möglichkeiten erörtert werden, setzt schnell ein Selbstverständnis des „ich hätte ja aktiven Widerstand geleistet" ein. Aber gerade das ist problematisch. Und im Nachhinein (wie bereits oben von Katharina und mir angesprochen) ist immer leicht ersichtlich, was dem Zeitzeugen nicht wirkmächtig erscheint.

Und noch zu Helden und deren Konstruktion: Mit Verweis auf das Buch „Opa war kein Nazi" von Harald Welzer äußert sich dies auch darin, dass im Nachhinein Widerstandsbiografien konstruiert werden. (In Welzers Interviews haben z. B. ich glaube 17 % der Familien angegeben, die Eltern/Großeltern waren im aktiven Widerstand gewesen, und ein ganzes Drittel hätte Juden versteckt.) Was ich damit sagen will: NS ist nicht bloß eine schwarz-weiße Welt von mordenden Nazi-Sadisten und heroischen, selbstlosen Widerstandskämpfern. Zum Verständnis des NS ist gerade die Alltäglichkeit und Normalität immanent. (Konstruierte) Helden sind dabei oft wenig hilfreich. Und gerade die Realität von Mitläufern, politisch Uninteressierten, Opportunisten und Gleichgültigen und das Verständnis darum, wie schwer Widerstand eigentlich ist, geht somit verloren.

BERTRAM NOBACK: Welche regionalen Widerständler kennt ihr denn?

JAKOB HÖHL: Keinen.

JAKOB FLEMMING: Aus meiner Heimat, Schleswig-Holstein, keine. Aus Baden-Württemberg nur durch die Lektüre des neuen Bandes der LpB zu etwa 40 Widerstandsbiografien aus der Region.

LEONIE MÜLLER: Ich auch nicht wirklich.

KATHARINA MÜLLER: Ich auch nicht …

TORBEN HOYER: Als Hamburger: Ernst Thälmann.

 **PHILIPP HACK:** Ich leider auch keine.

LEONIE MÜLLER: Doch, bei längerem Nachdenken ist mir gerade noch ein Name eingefallen: Carlo Mierendorf.

BERTRAM NOBACK: Hättet ihr euch mehr lokalen Widerstand als Thema in der Schule gewünscht oder reicht es eurer Meinung nach, wenn man das Thema anhand der „Klassiker" Weiße Rose, Elser, Stauffenberg etc. abhandelt?

TORBEN HOYER: Ja, mir reicht das.

LEONIE MÜLLER: Ich hätte es gerne ein bis zwei Schulstunden länger behandelt.

ANDREAS SCHULZ: Vor allem den frühen Widerstand!

PHILIPP HACK: Also wenn es sehr gute lokale Beispiele gibt, finde ich, kann man diese schon mit einbauen, um auch zu zeigen, dass es auch in der eigenen Stadt erfolgreichen Widerstand gab. Aber das sind eben nicht immer solche Musterbeispiele, die das ganze Thema gut veranschaulichen. Daher im Zweifel lieber gute Beispiele statt lokale.

ANDREAS SCHULZ: Es gibt ja viele gute UND regionale Beispiele. Vielerorts sind die aber leider noch nicht ausreichend erforscht …

JAKOB HÖHL: Habe gerade mal Carlo Mierendorf gegoogelt und bin erschrocken, dass wir so jemanden nicht durchgenommen haben. Wenn vorhanden, auch lokalen Widerstand durchnehmen!

LEONIE MÜLLER: Unsere Lehrerin hat ihn mal kurz erwähnt. Genau haben wir ihn leider nicht behandelt; haben uns nach Lehrbuch mit der Roten Kapelle und den anderen „Klassikern" beschäftigt.

JAKOB HÖHL: Bei mir in der Stadt gibt es sogar eine Schule, die nach ihm benannt ist. Aber habe tatsächlich noch nie irgendein Wort über Carlo Mierendorf gehört. Finde ich wirklich verdammt schade. Das ist doch sogar überregional ein Paradebeispiel.

BERTRAM NOBACK: Wozu sollen wir uns denn speziell im Unterricht mit Widerstand beschäftigen?

JAKOB FLEMMING: Anhand dessen, was ich in der Schule mitbekommen habe (Stauffenberg, „der große deutsche Volksheld"), würde ich sarkastisch formulieren: Um den Schülern zu zeigen, dass die Deutschen eigentlich doch ein prima Volk waren und sind. Ideal sollte eine Beschäftigung mit Widerstand natürlich deutlich machen, dass es möglich ist, auch gegen eine nach Ausgrenzung und Vernichtung strebende Mehrheit unter Einsatz großen Mutes Widerstand zu leisten. Und ergänzend wäre es vielleicht auch schön, in der Schule die vielen unterschiedlichen Facetten von Widerstand aufzuzeigen.

15. November

LEONIE MÜLLER: Ich denke auch, dass er behandelt wird, um den Widerständlern zu gedenken, Namen wie z. B. Sophie Scholl sollten nicht vergessen werden.

BERTRAM NOBACK: Warum denn nicht?

LEONIE MÜLLER: Weil solche Leute als Vorbilder gelten sollten und aktiv gute Werte vertreten haben.

ANDREAS SCHULZ: Dann sollten wir Stauffenberg schnellstens vergessen. Dennoch bietet gerade diese Figur große Chancen für die Bildungsarbeit, weil ich an ihm – stark verkürzt gesagt – diskutieren kann, ob „der Feind meiner Feinde" unbedingt mein Freund ist.

BERTRAM NOBACK: Also lieber Sophie Scholl? Und sie im Sinne von Jakobs Beitrag als Mythenbildung oder um tatsächlich zum Handeln anzuregen?

LEONIE MÜLLER: Eher letzteres. Die meisten Widerständler waren Leute aus dem „normalen" Volk, Leute, mit denen man sich teilweise gut identifizieren kann, gerade weil sie in ähnlichem Alter wie wir waren oder ähnliche Hobbys hatten. Wenn aufgezeigt wird, dass jeder handeln kann, ohne eine bedeutende Machtposition zu besitzen, lässt sich das einfacher auf die heutige Zeit und unseren heutigen Alltag übertragen.

BERTRAM NOBACK: Ausgehend davon an alle: Kann die Auseinandersetzung mit Widerstand wirklich etwas bewirken? Im Sinne von: ich kenn jetzt Sophie Scholl und wenn ein zweiter Hitler kommt, schreibe ich Flugblätter … oder ich baue eine Bombe wie Georg Elser …

PHILIPP HACK: Ich finde schon, dass die Auseinandersetzung mit dem Thema „Widerstand" bewirkt, dass Menschen sich mehr trauen und sich mit ihrer Meinung nicht alleine sehen in einer Masse von Menschen, die vielleicht nach außen eine andere Meinung vertreten als sie in Wirklichkeit haben. Es braucht nun mal immer diejenigen, die den Stein ins Rollen bringen, und das Wissen, dass es noch andere geben kann und auch schon immer gab, die sich für Widerstand einsetzen, ist ein klarer Mutzuspruch.

15. November

BERTRAM NOBACK: Vorbereitend auf morgen: Ein zentraler Ansatz in der pädagogische Arbeit der Holocaust Education ist die sog. Personalisierung. D. h. den NS konkret auf einzelne Personen und -gruppen zu reduzieren und diese Zeit anhand von deren Handeln zu veranschaulichen. Frage: Worauf sollte man den Schwerpunkt legen: Auf exemplarische Täter, Opfer oder Widerständler? Was denkt ihr?

PHILIPP HACK: Ich finde, das ist eine sehr schwierige Frage, die ich nicht mit einer klaren Entscheidung zwischen diesen drei Möglichkeiten beantworten kann. Den NS zu reduzieren auf Täter, Opfer oder Widerstand Leistende ist ziemlich gewagt. Natürlich muss man sich für eine Ausstellung in einem Museum einen Bereich aussuchen, aber grade die Tatsache, dass sich auf alle möglichen Akteure bezogen wird, macht die Zeit doch heute noch so interessant für Schüler, da sie die Vielschichtigkeit einer historischen Zeit mitbekommen.

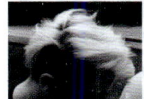

JAKOB HÖHL: Finde ich sehr schwer zu beantworten. Für mich entsteht das gesamte Verständnis erst, wenn alle drei berücksichtigt werden.

BERTRAM NOBACK: Mir ist vollkommen klar, dass eine einzige Perspektive unterkomplex ist. Aber man muss in der pädagogischen Arbeit leider Schwerpunkte setzen. Daher noch mal überspitzt: mit den Opfern mitfühlen, die Täter analysieren („verstehen" aber nicht rechtfertigen!) oder zum Widerstand „erziehen"?

LEONIE MÜLLER: Ich denke, am sinnvollsten ist es, sich mit den Tätern zu beschäftigen. Bricht man den NS auf eine Person herunter, geht es ja quasi bei Widerstandskämpfern und Opfern indirekt ja auch um die Täter. Wobei mich die Widerstandskämpfer am meisten interessieren würden, da sie von allen drei Kategorien am wenigsten in der Schule behandelt werden.

JAKOB FLEMMING: Der Maxime, alles zu tun, damit Auschwitz sich nicht wiederholt, folgend, ist es meiner Meinung nach am wichtigsten, sich mit der (Täter-)Ideologie zu beschäftigen.

PHILIPP HACK: Ich würde mich auf die Opfer fokussieren. So wird einem das Ausmaß, das durch die Täter verursacht wurde, bewusst, und genauso kann man sehen, aber auch selbst nachvollziehen, wieso es Wiederstand gab und geben musste. Im gleichen Zug zeigen die Opfer am stärksten auf, wieso so etwas nicht wieder passieren darf.

TORBEN HOYER: Ich würde tatsächlich einen eher „normalen" Mitläufer, ein Individuum aus der großen Masse nehmen. Daran, glaube ich, ließe sich am besten die Unreflektiertheit und das schrittweise Abdriften (um es mal so zu nennen) in den totalitären Staat exemplifizieren. Krasse Täter- und Opferbiografien sind zwar anschaulich, nehmen dem Thema aber durch die Polarisierung die Tiefe und das Subtile der von mir oft zitierten Normalität des NS.

KATJA ZHOLKOVSKA: Meiner Meinung nach sollte man sich mit den Tätern und Opfern beschäftigen. Ich denke, um den Nationalsozialismus verstehen zu können, muss man sich auf jeden Fall mit der Tätergruppe beschäftigen. Zudem ist es wichtig, dass man sich mit den Opfergruppen auseinandersetzt. Das ist deshalb wichtig, um den NS nicht noch einmal aufleben zu lassen! Natürlich sind die Widerstandskämpfer eine enorm wichtige Gruppe in der NS-Zeit, allerdings ist es viel wichtiger, die Täterperspektive versuchen zu verstehen, um zu erkennen, dass sie in unserer heutigen Zeit nicht mehr präsent ist.

SELINA TAUSCHMANN: An den Opfern kann man erkennen, was den Menschen angetan wurde und was für Leid sie ertragen mussten. Oft auch für Sachen, für die sie gar nicht verantwortlich waren. An den Widerständlern kann man erkennen, wie sie die Menschen dazu gebracht haben, hinter die Fassade der Nationalsozialisten zu schauen. Man lernt auch, wie sie versucht haben, Widerstand zu leisten. Am interessantesten wären aber die Täter, weil man sich dann auch mit ihrer Vorgehensweise auseinandersetzt. Daran kann man auch erkennen, auf welche Sachen die Menschen reingefallen sind und wie man sie lockt. Der Täter musste versuchen, die Menschen zu manipulieren. Aber man sollte auch verstehen, wieso sie das gemacht haben. Sowas macht man ja nicht ohne Grund. Außerdem kann es auch sein, dass er damit sich und seine Familie beschützen wollte. Wenn er Widerstand geleistet hätte, hätte er ja vielleicht sein Leben riskiert.

VIVIEN FRITSCH: Ich finde, man sollte sich mit der Täter-Rolle auseinandersetzen. Die Täter sind der Grund, der Auslöser des NS. Aus meiner Sicht ist es am wichtigsten, sie zu verstehen.

„IRRITIEREN UND HINTERFRAGEN, VERMITTELN UND GEDENKEN." WELCHE ROLLE BESITZEN GEDENKSTÄTTEN FÜR DIE VERMITTLUNGSARBEIT?

16. November

ANDREAS SCHULZ: Guten Abend allerseits! Bei uns ist Andreas Pflock. Stell dich am besten erst einmal kurz vor, Andreas!

ANDREAS PFLOCK: Hallo und guten Abend! Ich bin wissenschaftlicher Mitarbeiter am Dokuzentrum Deutscher Sinti und Roma in Heidelberg und dort für die pädagogische Arbeit, d. h. die Vermittlung vor allem des NS-Völkermords an den Sinti und Roma, zuständig. Seit meiner Schul- und Studienzeit beschäftige ich mich mit der Frage, wie Gedenkstätten „ihre" Inhalte an Besucherinnen und Besucher weitergeben können … vor allem an Schüler und Jugendliche.

ANDREAS SCHULZ: Danke dir und herzlich willkommen! Die meisten von euch haben im Laufe ihrer Schullaufbahn schon einmal eine Gedenkstätte besucht. Zum Einstieg würden wir gerne wissen: Was bedeutet für euch Gedenkstätte? Was soll sie leisten?

LEONIE MÜLLER: Sie soll besonders denen, die keinen direkten Bezug zu dem NS-Terror haben, einen emotionalen Zugang bieten. Ich war vor ca. einem Jahr in Buchenwald und die NS-Zeit war wirklich komplett anders zu erleben als im Geschichtsunterricht. Außerdem sollen sie für die Zukunft ein Mahnmal darstellen.

ANDREAS PFLOCK: Leonie, wie war es denn im Geschichtsunterricht? Was war anders?

LEONIE MÜLLER: Die gesamte Atmosphäre … trockene Zahlen von Opfern in einer eher gelangweilten Stimmung. Da war der nebelverhangene Ettersberg mit Originalzellen doch eindrucksvoller.

MARCO LA LICATA: Gedenkstätte würde ich als einen Ort definieren, an dem eines (negativen) Ereignisses gedacht, d. h. über jenes informiert und diskutiert, aber vor allem reflektiert wird. Dafür bieten sich besonders Orte an, die für dasselbe Ereignis Relevanz hatten (bspw. KZ-Gedenkstätten). Sie sollen vor allem einen gewissen Informationsgehalt vermitteln und zur inneren Reflexion anregen. Ein gewisser Eindruck auf die Menschen ist da auch wichtig.

ANDREAS SCHULZ: Marco, du sagst „ein Ort, an dem gedacht wird, und gleichzeitig einer, an dem Informationen vermittelt werden". Passt das zusammen?

MARCO LA LICATA: Meines Erachtens ist die Vermittlung eines Grundstocks an Informationen wichtig. Beispiel Dokuzentrum Deutscher Sinti und Roma: Über den Völkermord an den Sinti und Roma (und, aus aktuellem Anlass, der Bürgerrechtsbewegung nach der NS-Zeit) ist deutlich weniger bekannt als z. B. über den Krieg und die Shoah. Wenn ich jetzt uninformiert zu einem Mahnmal gehe und da nicht wenigstens eine Tafel steht, was überhaupt passiert ist und welchen Ereignisses ich gedenken möchte, wird das schwierig. Das heißt aber nicht, dass in einer Gedenkstätte 16 Räume mit Wänden voller Text geben soll.

ANDREAS PFLOCK: Könnt ihr mal näher beschreiben, was mit Atmosphäre oder Eindruck auf die Menschen gemeint ist? Ich frage mich tagtäglich, was gerade jugendliche Besucher erwarten. In meiner Wahrnehmung ist das häufig eine Annäherung an das, was war, kognitiv und auch emotional. Aber meist gelingt beides nicht.

LEONIE MÜLLER: Ich erinnere mich, dass es auf der Rückfahrt im Bus ganz still war, und jeder war für ca. 20 Minuten ganz in eigenen Gedanken versunken. Als ich meiner Mutter das erzählte, meinte sie, in ihrer Schulzeit sei es genauso gewesen. Sie hat das nach all den Jahren nicht vergessen.

ANDREAS PFLOCK: Also ich erinnere mich an meine ersten Besuche in Bergen-Belsen und Flossenbürg. Ich wollte etwas verstehen und finden, das dort nicht war. Das war mal so vor gut 35 Jahren.

ANDREAS SCHULZ: Was wolltest du denn finden, Andreas?

ANDREAS PFLOCK: Tja … ich habe mir die simple Frage gestellt, wie Menschen anderen Menschen so etwas antun können. Und etwas blauäugig habe ich gedacht, das dort zu verstehen. Und damals gab es kaum und nur winzige Ausstellungen dort.

LEONIE MÜLLER: Wie hast du es denn letztendlich gefunden?

ANDREAS PFLOCK: Schlecht. Ich war so sauer, wie man einfach Gras darüber wachsen lassen kann, dass ich eine Schüler-AG zum Thema gegründet habe. Heute denke ich, dass auch die größte Ausstellung nichts taugt, wenn sie nicht auf die Bedürfnisse der Besucherinnen Rücksicht nimmt … sich an ihnen orientiert und ihnen eine Brücke baut. Leider ist immer noch der Ansatz verbreitet, Inhalte nicht reduzieren zu können oder zu wollen.

ANDREAS SCHULZ: Ich glaube, Leonie meinte, wie du das gefunden hast, was du suchtest ;-)

ANDREAS PFLOCK: Gefunden habe ich es bis heute nicht, nur verstanden, dass ich mich an gewisse Dinge nur annähern kann. Dabei waren Biografien und gerade viele persönliche Begegnungen mit Überlebenden ein wichtiges und sehr persönliches Element.

JAKOB FLEMMING: Ich hab in der Schulzeit aufgrund der mageren Gedenkstättenlandschaft in Schleswig-Holstein keine einzige Gedenkstätte besucht. Meine ersten habe ich dann hier in Baden-Württemberg besucht, die dritte war Yad Vashem. Ich glaube, ein über allgemeines, dabei aber essentielles, hinausgehendes Informationsangebot können Gedenkstätten nicht leisten.

ANDREAS PFLOCK: Also was Jacob schreibt, treibt mich oft um. Ich glaube nicht, dass wir mit unserer Arbeit die Welt im Ruck verändern – das wäre auch erschreckend ... aber ich denke, Gedenkstätten können irritieren und hinterfragen ... und Fragen hinterlassen.

MARCO LA LICATA: „Irritieren" finde ich ein gutes Stichwort. Wenn man in eine Gedenkstätte kommt und es auf einmal eben kein Geschichtsunterricht mit Fakten, Fakten, Fakten in einem ehemaligen KZ o. ä. gibt, wenn man überrascht ist über das Konzept, dann denkt man über die Informationen und Fakten, die man vorher schon hatte oder dort noch erwirbt, vermutlich mehr nach.

ANDREAS PFLOCK: Marco, das wäre mein Ansatz und Wunsch. Und absolut nicht die Idee, die Besucher allwissend gehen zu lassen. Sondern vielmehr mit Fragen, die hoffentlich weiter wirken.

THOMAS ALTMEYER: Ich denke auch, dass Gedenkstätten irritieren sollen, vermeintlich sicheres Wissen zu hinterfragen oder bekanntes neu einzusortieren. Man liest über einen Ort anders, wenn man schon mal da war ...

MARCO LA LICATA: Ich denke aber, dass Informationsvermittlung trotzdem dazu gehört – allein schon, weil nicht jeder genug Vorwissen zu jeder Gedenkstätte hat.

KATJA ZHOLKOVSKA: Meiner Meinung nach sind Gedenkstätten Orte, an denen die Menschen die Möglichkeit bekommen, sich über bestimmte Ereignisse zu informieren, aber vor allem, um zu gedenken. Die Gedenkstätten sammeln aber auch immer neue Informationen, die sie dann vermitteln sollten.

ANDREAS SCHULZ: Das heißt, für euch alle ist der Ort und das Erleben des Ortes wichtig. Macht es einen Unterschied für euch, ob die Gedenkstätte am historischen Ort ist oder ob sie nur die Themen anspricht? Also trägt der Ort zum emotionalen Zugang bei?

KATHARINA MÜLLER: Genauso sehe ich das. Der große Mehrwert an (gut konzipierten) Gedenkstätten am historischen Ort liegt darin, zu irritieren, zum Nachdenken anzuregen und zwar nachhaltig. Unser Besuch in Grafeneck beschäftigt mich beispielsweise bis heute. Grafeneck wurde von den Nationalsozialisten als Tötungsstätte umfunktioniert, in der über 10.000 Menschen mit Behinderung ermordet wurden. Heute sind dort wieder Wohnheime für Menschen mit Behinderung. Dass mich diese Eindrücke noch heute nicht loslassen, liegt bestimmt auch an der mich beeindruckenden Idee, dass jeder Besucher eine Tonfigur mitnehmen kann, die symbolisch für einen ermordeten Menschen steht.

ANDREAS PFLOCK: Informationen sind natürlich die Basis … ist nur die Frage, wie sie verpackt und vermittelt oder selbst angeeignet werden können.

THOMAS ALTMEYER: Ja, natürlich auch. Man muss sich aber auch vor Augen führen, wie unterschiedlich Gedenkstättenbesucher sind. Sachsenhausen hat 2015 über 650.000 Besucher gehabt. Tendenz klar steigend. Von ausländischen Berlin-Touristen bis Schülergruppen mit Seminarangebot. Eine Herausforderung, da ein Angebot für alle zu machen.

LEONIE MÜLLER: Es ist schon ein „besonderes" Gefühl zu wissen, an einem Ort zu stehen, wo Jahre früher Häftlinge zum morgendlichen Appell antraten. In dem Moment dachte ich mir z. B., was hat dieser Häftling wohl gedacht? Was hat er gefühlt?

ANDREAS PFLOCK: Katja hat gerade von Gedenken gesprochen. Geht das, wenn wir selbst die Menschen nicht kennen, denen man bisher gedacht hat? Mir persönlich geht Gedenken immer sehr nahe – manchmal auch zu nahe –, wenn ich Verbindungen zu mir bekannten ehemals Verfolgten herstelle … das passiert immer mal wieder ungewollt im Kopf.

KATJA ZHOLKOVSKA: Ich finde schon, dass es einen Unterschied macht, an welchem Ort sich eine Gedenkstätte befindet. Beispielsweise löst eine KZ-Gedenkstätte in mir viel mehr Emotionen aus.

ANDREAS PFLOCK: Löst der Ort Emotionen aus, oder dass wir ein Du oder Wir „mitbringen"?

MARCO LA LICATA: Ich finde nicht, dass eine Gedenkstätte unbedingt am historischen Ort sein muss. Aber ein Museumsmitarbeiter hat mal mir gegenüber von einer „Magie des Originals" gesprochen. Allerdings war das auf römische Geschichte ausgerichtet (die Wortwahl passt nicht zum NS). Ein historischer Ort bietet sich daher an, weil Menschen sich von Originalen mehr angezogen fühlen.

LEONIE MÜLLER: Genau meine Meinung!

ANDREAS PFLOCK: Also ich frage mich: kommen die Emotionen, weil ich in Auschwitz durch das Lagertor laufe, oder weil ich Wissen mitbringe, über das, was es für die Gefangenen bedeutete. Also, fußen die Emotionen alle auf den Relikten oder eher in der Kombination mit meinem Wissen und meinen Bildern, die ich mitbringe und zum Ort in Beziehung setze?

KATJA ZHOLKOVSKA: Ich glaube, dass beides eine wichtige Rolle spielt. Ohne das Wissen würde die „Aura" nicht funktionieren.

MARCO LA LICATA: Also wenn ich an einer Gedenkstätte bin, die ein Ereignis behandelt, über das ich nichts weiß (z. B. gibt es in Barcelona einen Friedhof für ermordete Katalanen während des Franco-Regimes und damit kenne ich mich gar nicht aus), dann würde ich vermutlich kaum Emotionen entwickeln.

ANDREAS SCHULZ: Hattest mal ein solches Erlebnis, Marco? Also dass der Ort „nichts mit dir gemacht" hat?

MARCO LA LICATA: Ja, aber das hatte andere Gründe. An der Gedenkstätte Deutscher Widerstand in Berlin, weil wir uns hauptsächlich Dinge in Bezug auf Stauffenberg angeschaut haben, und den kann ich halt echt nicht so sehr feiern. Wir hatten dort nicht genug Zeit für die ganze Ausstellung.

SELINA TAUSCHMANN: Man braucht nicht mal ein großes Vorwissen, um dafür Emotionen zu entwickeln. Das kommt auch durch die Atmosphäre und die Umgebung. Dieses Jahr habe ich mit meiner Klasse das erste Mal eine Gedenkstätte besucht. Wir waren im KZ Buchenwald. Meine Klasse hatte das Thema noch nicht gehabt und wir hatten auch nicht wirklich viele Infos zum KZ. Trotzdem waren viele bedrückt. Alle saßen danach schweigend im Bus und einigen wurde ein wenig schwindelig dort. Und einige waren traurig und schockiert über das, was sie gesehen hatten.

VIVIEN FRITSCH: Ich bin mit Selina gemeinsam in dem KZ gewesen und ich finde, man hat bei den Verbrennungsöfen gespürt, dass es vielen sehr nah ging und sie berührt hat.

ANDREAS SCHULZ: Also würde das zutreffen, was Andreas andeutet? Das, was wir mitbringen, wie wir an den Ort herantreten, beeinflusst die Wirkung auf uns?

MARCO LA LICATA: @Selina, aber jeder weiß zumindest, was der Holocaust war und wer die Nationalsozialisten.
   @Andreas Schulz, ja da würde ich zustimmen. Ich glaube aber, dass da nicht nur Vorwissen zum Thema sondern auch die ganze Persönlichkeit und Biografie mit reinspielen. Menschen sind eben individuell geprägt.

KATHARINA MÜLLER: … und haben unterschiedliche Charaktere.

ANDREAS PFLOCK: Mir fällt mal ein Gegenbeispiel zu Selinas Schilderung ein: Schüler, die im Zellenbau des KZ Natzweiler stehen und mit den leeren Zellen nix anfangen können, weil es null Informationen zu deren Bedeutung und Insassen gibt. Und die Zellen ließen alle unbeeindruckt, weil man/frau ja wusste, wie Gefängniszellen ausschauen … da hatte der historische Ort wenig bewirkt.

KATJA ZHOLKOVSKA: Ohne das Wissen, weshalb die Gedenkstätte existiert oder was da war, kann aber doch keine Emotion oder Atmosphäre entstehen, oder?

KATHARINA MÜLLER: Aber das ist ja dann absolut schlecht vorbereitet von der Lehrkraft.

JAKOB FLEMMING: Ich glaube, das ist relativ klar: Ohne ganz wesentliche Informationen bringt ein Ort für sich genommen nichts. Erst durch diese Informationen entsteht der Ort ja überhaupt.

ANDREAS PFLOCK: Also ich denke, Vorwissen, Persönlichkeit, Erwartungen, Charakter … das spielt alles zusammen. Und stellt uns natürlich vor die große Frage, wie das alles unter einen Nenner und einen guten Zugang zu bringen ist. Und die Lehrkraft kann in diesem Fall wohl die Klammer bilden oder schaffen …

BERTRAM NOBACK: Also, als Lehrer gefragt, nochmal mal konkret: was erwartest du von uns?

ANDREAS PFLOCK: Ich gehe eigentlich immer von wenig Vorwissen aus und unterstelle nicht, dass das am Desinteresse der Lehrkraft liegt, sondern einfach häufig am Schulalltag.

LEONIE MÜLLER: Zusammengefasst, Bertram: weniger Zahlen, mehr Geschichten wie z. B. Einzelfälle, mit denen ich mich beschäftigen kann.

THOMAS ALTMEYER: Nach Neckarelz kommen auch viele ohne Vorwissen bzw. mit einer ganz bestimmten Erwartungshaltung: nur Juden waren im KZ. Und KZ = wie Auschwitz. Und ich finde, da kann man als Gedenkstättenmitarbeiter dann ganz gut ansetzen.

MARCO LA LICATA: Da wären wir wieder beim Irritieren …

THOMAS ALTMEYER: Aber natürlich auch bei der Wissensvermittlung.

MARCO LA LICATA: Mit der „enttäuschten" Erwartung (mir fällt gerade kein besseres Wort ein, eigentlich passt es nicht) kann man ja auch ganz gut arbeiten.

ANDREAS PFLOCK: Mal ein anderes Thema: Derzeit hört man an vielen Orte und von vielen Personen, dass Gedenkstätten mit ihrer Arbeit aktuelle Themen aus der Gesellschaft thematisieren sollen. Die Politik sieht Gedenkstätten derzeit als „Festungen" zur Verteidigung der Demokratie. Wie seht ihr das?

TORBEN HOYER: Diesen Ansatz finde ich einigermaßen problematisch, da somit die Erinnerung zu Zwecken der Staatsräson genutzt wird. Das ist zwar hier in der Sache kein Problem, aber in der Funktion ist es genau das, was wir dem NS (und anderen unliebsamen Systemen) immer vorwerfen: den Ge- und Missbrauch von Geschichte für die politische Legitimation.

JAKOB FLEMMING: Was meinst du damit, dass der Nationalsozialismus Geschichte für die eigene politische Legitimation missbraucht hat?

MARCO LA LICATA: @Torben, ist das nicht normal? Die BRD grenzt sich von der DDR und vom NS ab, die DDR vom Nationalsozialismus, der Nationalsozialismus von der Weimarer Republik und den „Dolchstößlern" usw. Wir sind ja nicht ideologiefrei (und das ist auch gut so).

TORBEN HOYER: Eben. Sind wir nicht. Deswegen ist das ja, um es zu überspitzen, Missbrauch der Geschichte für die Politik.

JAKOB FLEMMING: Warum kann es nicht ein legitimes Mittel der Politik sein, sich von Geschichte abzugrenzen?

TORBEN HOYER: Jakob, gemeint ist, dass der NS ja aus der Geschichte seine Legitimation konstruiert: „Wir spüren die Kraft der Vergangenheit", „germanische" Fackelzüge, Ariernachweis, … Es kann ja ein legitimes Mittel sein. Aber wir können nicht einerseits dem NS etwas vorwerfen und es dann selber tun. Das wäre auch ideologische Verblendung.

JAKOB FLEMMING: Also ist das Grundgesetz auch schon ideologische Verblendung? Das lebt ja von der Abgrenzung zu dem ihm Vorausgehenden und versucht seinem Anspruch nach, eine Wiederholung auszuschließen.

TORBEN HOYER: Das Grundgesetz lebt zwangsweise auch von und aus der dt. Geschichte. Aber in Gedenkstätten wird die Erinnerung an Ermordete genutzt.

JAKOB FLEMMING: Ich glaube, ein sich neutral zur Geschichte verhaltendes Staatswesen ist kaum zu denken.

ANDREAS SCHULZ: Lasst uns mal wieder näher zum Thema kommen. @Marco, das heißt, es soll jede Regierung neu bestimmen, wie gedacht wird?

MARCO LA LICATA: Natürlich nicht. Aber wir haben ja auch eine bestimmte Staatsräson. Abgrenzung vom Totalitarismus und insbesondere vom Nationalsozialismus ist m. E. ziemlich sinnvoll.

ANDREAS SCHULZ: Also wer „bestimmt", was wir erinnern? Gedenkstättenmitarbeiter? Wissenschaftler? Die „Gesellschaft"? Der Staat? Was sagen @Andreas Pflock und @Thomas Altmeyer?

ANDREAS PFLOCK: Gedenkstätten sind ja zunächst nicht auf Initiative des Staates entstanden, sondern gegen dessen Widerstand. An fast allen Orten waren es ehemalige Häftlinge und Bürger, die den Erhalt der Ort teils sehr vehement eingefordert haben. Mit der sicherlich notwendigen staatlichen Absicherung der Gedenkstättenarbeit trat jedoch diese breite Bewegung in den Hintergrund der öffentlichen Wahrnehmung.

TORBEN HOYER: Mein Plädoyer: Gedenkstätten zum Gedenken, nicht zur politisch gelenkten Meinungsbildung, sondern zur freien und individuellen.

THOMAS ALTMEYER: Gedenkstätten sind in Westdeutschland ja nicht vom Staat gegründet und errichtet worden, sondern sie standen in Opposition zu Staat und weiten Teilen der Gesellschaft. Sie entstanden als zivilgesellschaftliche Akteure und sind davon geprägt.

BERTRAM NOBACK: @Torben, für mich ist ein Gedenken immer politisch! Das geht doch gar nicht ohne politische Implikationen.

TORBEN HOYER: Nicht ohne politische Implikationen, klar. Aber es muss ohne Lenkung und Zielvorgaben des Denkens seitens der Politik gehen.

KATJA ZHOLKOVSKA: Na ja, soll ja nichts vergessen werden. Die Gedenkstätten müssen versuchen, uns an das Geschehene zu erinnern, geht aber natürlich auch nicht ohne eine politische Implikation.

ANDREAS SCHULZ: Also konkret: Wer soll festlegen, was erinnert/was vergessen wird?

ANDREAS PFLOCK: Gute Frage … vermutlich diverse Komponenten. Ein inzwischen allgemein verbreitetes Denken mit Fixierung auf die Verfolgung und Ermordung der Juden einhergehend mit verschiedenen Ansätzen an Gedenkstätten mit anderen Schwerpunkten, diese Fixierung zu durchbrechen und eine Vielfalt aufzuzeigen. Ansonsten sind nur wenige Ausstellungen und Gedenkstätten ohne deutlichen Einfluss von wissenschaftlichen Beiräten entstanden … und dabei gibt es häufig Auseinandersetzungen über deren Zusammensetzungen. Also man und frau ahnt es: natürlich gibt es unterschiedliche Versuche, auf die Inhalte der Gedenkstätten Einfluss zu nehmen. Ich würde sehr grob sagen, je kleiner oder tatsächlich auch abgelegener eine Gedenkstätte, desto freier kann sie sich möglicherweise auch inhaltlich entfalten …

MARCO LA LICATA: Schwierig zu entscheiden, weil Erinnerung auch immer individuell ist. Ich finde, dass der Staat Impulse geben darf. Aber eigentlich *sollen* vor allem zivilgesellschaftliche Akteure wie z. B. die Träger von Gedenkstätten das entscheiden. Die wiederum geben auch nur Impulse. Beispiel Friedrich Ebert: Ich finde jetzt nicht, dass die Person so wahnsinnig unumstritten sein sollte. Gleichzeitig wird er in der ihm gewidmeten Gedenkstätte sehr positiv dargestellt. Auch sind Straßen und Plätze z. B. nach Bismarck benannt. Auch nicht unumstritten (und staatlich verfügt).

THOMAS ALTMEYER: Im Anschluss an Andreas Pflock, und auch wenn es auf einen neuen Pfad führt, sollten wir nicht nur an die großen Gedenkstätten der (Vernichtungs-)Lager denken, sondern auch an die vielen kleinen jenseits von Auschwitz, Bergen-Belsen etc.

ANDREAS SCHULZ: @Thomas, haben diese kleineren Gedenkstätten andere Aufgaben und „Funktionen" als die großen?

THOMAS ALTMEYER: Sie können, glaube ich, viel über die Verankerung des NS in der „Heimatregion" erzählen. Den NS gab es ja nicht nur in Berlin, München und den Orten der Hauptlager, sondern das Netz durchzieht das ganze Reich. Andere Funktionen würde ich aber nicht sagen, sondern lokale Konkretisierung, eine Annäherung über den Ort, oft verbunden mit Biografien.

ANDREAS PFLOCK: Nur kurz noch was zur Ergänzung: Die Verankerung in der Heimatregion war auch in Buchenwald und

Sachsenhausen und Dachau gegeben. Es ist eher eine Frage der Zeit und Entwicklungen.

MARCO LA LICATA: Dem würde ich zustimmen. Wenn man nur Auschwitz und Buchenwald und Dachau kennt, fällt es leicht zu sagen, das war und ist so weit weg. Wenn man aber mal merkt, dass die Großeltern zehn Kilometer von einem Lager weg gewohnt haben … puh.

ANDREAS SCHULZ: Letzte Runde für heute: Andreas Pflock hat vorhin gesagt, er wäre auf der Suche nach etwas gewesen, als er an die Gedenkstätte kam. Was würdet ihr euch wünschen, was sucht *ihr,* wenn ihr an eine Gedenkstätte kommt?

MARCO LA LICATA: Die Frage finde ich mega schwierig. Ich war vor ein paar Wochen in Weimar und hab die Gedenkstätte Buchenwald besucht. Da hab ich mich gefragt, was erwarte ich eigentlich? Ist das so etwas wie Betroffenheitstourismus? Ich erwarte, glaube ich, mittlerweile hauptsächlich Informationen, die ich auf anderem Wege nicht erlange. Beispielsweise gibt es in Buchenwald eine Ausstellung mit persönlichen Geschichten und auch Gegenständen ehemaliger Lagerinsassen. Im Dokuzentrum in Heidelberg ist aktuell eine Ausstellung zur Bürgerrechtsbewegung deutscher Sinti und Roma. Da hab ich einiges für mich – sowohl bzgl. Wissen als auch politischer Festigung – mitnehmen wollen und können.

ANDREAS PFLOCK: Ich überlege gerade, was ich eigentlich erwarte. Ehrlich gesagt „wenig". Denn fast immer wird man mit konkreten Erwartungen an Gruppen am Ende überrascht oder enttäuscht. Grundsätzlich erwarte ich bei Schulklassen, dass sie wissen, wohin sie mit welchem groben Ziel (und sei es zunächst aus Lehrersicht die reine Faktenvermittlung) gehen. Und eine Offenheit bzw. keine völlige Ablehnung der Gedenkstätte. Alles Weitere liegt dann bei denen, die vor Ort vermitteln und bestenfalls Zugänge schaffen und die Gruppe für das Thema öffnen. Und da ahnt man/frau schon, dass dies nicht so ganz einfach ist und grundsätzlich auch mit Offenheit und Einlassen der vermittelnden Personen zu tun hat.

LEONIE MÜLLER: Mich persönlich berühren Einzelschicksale immer am meisten, die Hoffnungen und Ängste der Gefangenen, ihre Gefühle und was ihnen wichtig war. Von KZ-Gedenkstätten erwarte ich, dass sie zum Denken anregen und ich an Informationen und Zugänge komme, die ich sonst nirgendwo erhalte.

BERTRAM NOBACK: Ich als Lehrer nehme mit, dass die Gedenkstätte nach wie vor ein zentraler Lernort bleibt aufgrund all der hier diskutierten Facetten. Meine Schüler werde ich immer mit notwendigem Vorwissen ausstatten und dann mit multiperspektivischen heterogenen Zugängen dort konfrontieren. Die beiden Königswege sind meiner Meinung nach eine wie in diesem Chat auftretende Geschichtsreflexion. Und – ohne die eine richtige Antwort zu erwarten – die Warum-Frage. Ich erwarte, dass den Schülern einfach diese Frage mit auf den Weg gegeben bekommen. Gerade die Warum-Frage ist eine kernphilosophische existenzielle Grundfrage, die jeder für sich durchdenken muss!

Und im Sinne von Kants vier philosophischen Fragen: „Was ist der Mensch?": Antwort: das ist der Mensch – auch! Keiner in dieser Gruppe hat Züge eines Himmler, Mengele oder Barbie (Ob unter uns ein Elser, ein Otto Wels oder eine Sophie Scholl ist, sei mal dahingestellt.) Aber jeder hat helle und dunkle Seiten. Und bei keinem Thema in Deutschland – aufgrund des bundesdeutschen Gründungsmythos – lässt sich so intensiv diese anthropologische Urfrage stellen, wie bei diesem Thema!

ANDREAS PFLOCK: Und vielleicht auch eine Frage, bei der es gut ist, wenn sie einen immer wieder im Leben bewegt ... auch ohne am Ende eine Antwort zu finden oder finden zu können.

ANDREAS SCHULZ: Dann danke ich euch allen vielmals für die Diskussion heute Abend!

ANDREAS PFLOCK: Meinerseits ebenfalls vielen Dank und allen noch einen schönen restlichen Abend!

6. Dezember

BERTRAM NOBACK: Einen schönen Abend allerseits. Heute wollen wir unser Projekt Revue passieren lassen und über die Zukunft der Erinnerung nachdenken. Torben schrieb mehrfach, dass er sich eine „Normalisierung" bzw. einen „normalen" Umgang mit der NS-Zeit wünsche. Was denkt ihr darüber? Ist ein „normaler" Umgang sinnvoll, notwendig, wünschenswert, erforderlich, möglich, Unsinn, …?

KATJA ZHOLKOVSKA: Die Frage ist doch, wie man „normal" definiert. Was bedeutet das?

KATHARINA MÜLLER: Guten Abend, ich glaube, es geht um das Wegkommen von einer Betroffenheitspädagogik, von der manch einer eher abgeschreckt wird und „dicht macht", als dass er sich mit der Thematik auseinander kann/will. Also dass ein „normalisiertes" Sprechen über die NS-Zeit möglich wird, ohne bei jedem Wort Angst zu haben, jemandem auf die Füße zu treten bzw. ein Tabu zu brechen.

 **PHILIPP HACK:** Also wenn das bedeuten soll, dass es gleichgewichtig mit anderen Themen der Geschichte sein soll, muss ich nein zu einer Normalisierung sagen. Es gibt nun mal Themen, die uns in Deutschland mehr und weniger betroffen haben und deren Nachwirkungen noch spürbar sind. Daher finde ich einen entsprechenden Umgang mit dem Thema angebracht.

LEONIE MÜLLER: Auf die Definition von Katharina bezogen, bin ich auf jeden Fall der Meinung, dass ein normaler Umgang erstrebenswert ist. Irgendwann muss Schluss sein, sich für die Vergehen seiner Vorfahren als Deutsche/r schlecht zu fühlen. Genozide sind leider fast in jeder Nation ein Teil der Geschichte.

KATHARINA MÜLLER: Ich finde, es ist ein schmaler Grat zwischen einer Relativierung und einem natürlichen, „normalen" Umgang.

KATJA ZHOLKOVSKA: Ich finde, dass man das Thema schon „normal" besprechen kann, also in dem Sinne, dass man niemanden angreift wegen seiner Herkunft, Religion, Familiengeschichte und so weiter. Allerdings darf man das nicht relativieren. Man sollte sich nicht schlecht fühlen für das, was die Vorfahren getan haben. Man sollte es versuchen zu akzeptieren und sich damit auseinanderzusetzen, damit so etwas nicht noch einmal passiert.

MARCO LA LICATA: Ich habe mich nie schlecht gefühlt, weil ich in Deutschland geboren/aufgewachsen bin. Hatte auch nie den Eindruck, dass mir das jemand einreden wollte.

KATHARINA MÜLLER: Ja, ich kann auch nicht sagen, dass ich mich jemals deshalb schlecht gefühlt habe, weil ich Deutsche bin. Dennoch sehe ich es als unsere Verantwortung, sich damit auseinanderzusetzen, zu begreifen, zu lernen.

VIVIEN FRITSCH: Ich denke, dass wir normal damit umgehen sollten, aber dadurch nicht die Grausamkeit verharmlosen dürfen.

PHILIPP HACK: Ich denke, dass gerade diese Art des Umgangs das Thema doch bereits zu einem „normalen" für die Geschichte macht oder? Daraus lernen, besser machen, weitergeben.

JAKOB HÖHL: Ich finde es wichtig, dass man den NS anschaulich macht. Das Schlimmste, was passieren kann, ist, dass die NS-Zeit abstrahiert dargestellt wird und die Leute sich denken, das kann heute zutage nicht nochmal passieren. Also in gewisser Weise sollte man den NS greifbar und eben „normal" machen. Aber wie bereits gesagt wurde, darf man das Geschehene auf keinen Fall relativieren.

KATHARINA MÜLLER: Hm … ich bin schon (noch?) sehr angespannt, wenn ich mit einer Person jüdischen Glaubens oder anderen Menschen, deren Vorfahren verfolgt und ermordet wurden, über die NS-Zeit spreche.

KATJA ZHOLKOVSKA: Katharina, aber das bist du bei mir doch auch nicht?

KATHARINA MÜLLER: Doch, schon ein bisschen …

KATJA ZHOLKOVSKA: Warum denn? Das brauchst du doch nicht!

KATHARINA MÜLLER: Ich glaube unbegründet, weil ich prinzipiell sensibel und emotional mit dem Thema umgehe.

 **TORBEN HOYER:** 'n Abend, zur Klärung dessen, was ich meine: normal, wie Kathi gesagt hat, ohne Betroffenheitspädagogik, aber darüber hinaus auch normal in dem Sinne, dass neben einer emotionalen Debatte (die sicher auch ihren Wert hat) auch eine „objektive" also sachliche Debatte möglich ist. Weiterhin darf das Thema nicht ob seiner Grauenhaftigkeit ausgeschlachtet werden, wie das z. B. ein Guido Knopp tut (wir haben das bereits ausführlich diskutiert); das nämlich ist auch „unnormal", schlachtet die Geschichte geradezu für ein fasziniert gaffendes Publikum aus.

ANDREAS SCHULZ: Torben, eine Debatte über welche Inhalte genau?

TORBEN HOYER: Über alle. Wie ich zu einem früheren Zeitpunkt schon einmal sagte: Auschwitz muss auch ohne Schockmoment „funktionieren".

JAKOB HÖHL: Aber sollte dieser „Schockmoment" nicht ganz natürlich kommen, wenn man das erste Mal von Auschwitz erfährt?

KATJA ZHOLKOVSKA: Wie? Wenn ein Mensch noch nie davon gehört hat: Wie kann man ohne Schock von solch einem Ereignis erfahren?

KATHARINA MÜLLER: Das Wort „Schockmoment" ist bescheuert.

JAKOB HÖHL: Ich fände es sehr furchtbar, wenn jemand Auschwitz einfach so „abnickt".

TORBEN HOYER: Das muss jedem selbst über lassen sein. Aber wir sollen, ja dürfen nicht durch Schockeffekte versuchen zu bestimmen, was zu fühlen ist.

PHILIPP HACK: Aber die Schockeffekte sind nun mal Fakten und nicht etwas von einer Person Gewolltes, um allen eine Reaktion aufzuzwingen.

ANDREAS SCHULZ: Um das Thema noch einmal zu spezifizieren: Was nehme ich mit, wenn ich mich mit Vergangenheit beschäftige? Bitte werdet mal konkret.

KATJA ZHOLKOVSKA: Eine eigene Meinung darüber, würde ich jetzt sagen?!

ANDREAS SCHULZ: Dann lerne ich also nichts aus der Vergangenheit außer einer eigenen Meinung zum Thema?

KATJA ZHOLKOVSKA: Doch selbstverständlich. Aus dem, was man daraus lernt, sollte sich jeder eine eigene Meinung dazu bilden, und nach dieser sollte man mit dem Thema umgehen!

JAKOB HÖHL: Das Wichtigste meiner Meinung nach ist das Verständnis der eigenen Verantwortung. Gerade wenn man sich die NS-Zeit anguckt, sollte, finde ich, jeder den Schluss ziehen, dass so etwas verhindert werden MUSS und man im Notfall auch selbst dafür einsteht, statt nur auf Twitter oder Facebook Antifa-Posts zu liken.

TORBEN HOYER: … und hoffentlich lerne ich auch etwas über mich, der ich aus und durch meine Vergangenheit existiere in der Gesellschaft.

KATJA ZHOLKOVSKA: Ich meine damit, dass niemand einem vorschreiben kann, was man zu denken oder zu fühlen hat.

TORBEN HOYER: Genau mein Punkt!

JAKOB HÖHL: Aber was machst du mit Leuten, die dann zu dem Schluss kommen: Joa, Auschwitz war doch nicht so schlimm und Judenverfolgung kann man schon mal machen? Soll man die dann akzeptieren in der Gesellschaft, weil sie ja selbst zu dem Schluss gelangt sind?

TORBEN HOYER: In unserer liberal demokratischen Gesellschaft müssen wir das akzeptieren.

JAKOB HÖHL: Also bist du ganz konkret für die Abschaffung des Tatbestandes der Volksverhetzung?

TORBEN HOYER: Das ist was anderes.

KATHARINA MÜLLER: Ich werde das nie akzeptieren können!

KATJA ZHOLKOVSKA: @Torben: Denke ich auch. Allerdings muss man bei solchen Menschen, wenn man mit Ihnen in Kontakt tritt und es offensichtlich ist, dass sie solche Tendenzen besitzen, dagegen sprechen und versuchen zu verstehen, warum sie so denken.

BERTRAM NOBACK: Ausgehend von eurer Diskussion eben: Wie, glaubt ihr, wird die Zukunft der Erinnerung an die NS-Zeit aussehen?

KATJA ZHOLKOVSKA: Ich vermute ja persönlich, dass es immer weniger Menschen geben wird, die sich mit diesem Thema auseinandersetzen werden. Daher müssen wir, diejenigen, die es verstehen und versuchen etwas dafür zu tun, die Erinnerung wachzuhalten, immer weiter machen und dürfen niemals der Kopf hängen lassen.

PHILIPP HACK: Ich denke, dass es weiterhin so sein wird, dass Lehrer und Gedenkstätten die Meinung, die man sich bilden soll, durch Emotionalisierung und eben nicht durch einen „normalen" Umgang versuchen zu lenken, statt darauf zu vertrauen, dass sich jeder durch Faktenbasis seinen eigenen Standpunkt suchen wird und so die Wichtigkeit des Themas am Leben hält.

 **SELINA TAUSCHMANN:** Das Thema wird nicht mehr so persönlich sein. Weil der familiäre Bezug nicht mehr so stark ist. Andere reden noch darüber, dass Oma und Opa es erlebt haben. Ich gehöre schon zur nächsten Generation und kann sagen, meine Uroma und Uropa haben das erlebt. Und es geht immer mehr von der Familiengeschichte aus der Zeit verloren, wenn man sie nicht gerade aufschreibt.

VIVIEN FRITSCH: Ich denke, es wird immer mehr in Vergessenheit geraten bzw. immer weniger emotional betrachtet.

JAKOB HÖHL: Ich glaube, dass man noch stärker als momentan auf die Menschen im NS eingehen muss, um das Thema greifbar zu machen. Auf keinen Fall darf der NS zu einem reinen Gedankenspiel in den Köpfen der Menschen werden, also nach dem Motto, ist lange her, passiert nicht mehr. Ich fände es zudem schön, wenn ein Fokus auf die Entstehung des NS gelegt wird, damit jeder Mensch seiner eigenen Verantwortung, auch und vor allem in Krisenzeiten gewahr wird.

PHILIPP HACK: @Selina: Denkst du, das Thema hat trotzdem eine intensive Zukunft auch ohne persönliche Bindung?

SELINA TAUSCHMANN: Na ja … dadurch, dass immer mehr Familiengeschichte verloren geht, geht auch die persönliche

Bindung verloren. Irgendwann ist das für einen wie eine Geschichte aus einem Buch … Es kommt drauf an, wie man es vermittelt bekommt und wie sehr man sich mit dem Thema befassen will. Aber so intensiv, wie es jetzt möglich ist, wird es in Zukunft nicht mehr sein.

ANDREAS SCHULZ: Provokant gefragt: Könnte es nicht sein, dass wir in 200 Jahren eine Gedenkstätte wie ein Mittelalter-Foltermuseum betrachten? In einem solchen fühlen wir auch kaum noch mit meist anonymen Opfern mit oder rufen „Nie wieder!" Eher wird unser Gaffer-Sinn angesprochen – wir „ergötzen" uns an den schrecklichen Methoden. Aber haben wir nach diesem Besuch etwas gelernt für unsere eigene Zeit?

MARCO LA LICATA: Zugegeben, die Sorge mach ich mir jetzt nicht, weil der NS nun doch ziemlich „einzigartig" war. Aber in die Zukunft schauen kann ich nicht. Problematisch ist u. a., dass die Zeitzeugen in der nächsten Zeit alle gestorben sein werden. Damit wird wohl auch die Emotionalität abnehmen. Erinnerung wird von Menschen gemacht, wenn wir mit Respekt vor den Opfern und mit dem Anspruch, einen zweiten Holocaust zu verhindern, an Gedenkstätten, Unterricht und andere Formen der Erinnerung herangehen, dann wird es nicht zu einer Banalisierung wie beim Foltermuseum kommen.

KATJA ZHOLKOVSKA: Na ja, in die Zukunft schauen kann keiner von uns. Sich darüber Gedanken machen schon und versuchen die Zukunft in die Hände zu nehmen … das mit den Zeitzeugen, dass sie bald alle gestoben sind, stimmt, aber momentan wird viel dafür getan, dass die Gespräche aufgezeichnet werden, Filme, Bücher und anderes entsteht, damit das alles weiterhin für uns da ist.

JAKOB HÖHL: Ich denke auch, dass gerade die mediale Aufbereitung, wie Katja sagt, enorm wichtig sein wird. Aber kein Schüler will sich Zeitzeugeninterviews in schlechter Bildqualität angucken oder im Museum von Text zu Text laufen.

ANDREAS SCHULZ: Versuchen wir einmal, frei nach Welzer und Giesecke, die „Erinnerung auszumisten": Was ist denn bewahrenswert an der Erinnerung an diese Zeit?

PHILIPP HACK: Ich würde die Frage mal umkehren und fragen, was vertretbar wäre zu vergessen. Und die Antworte meinerseits wäre: nichts. Jeder, der sich an einem Bereich oder dem Gesamtgeschehen interessiert, sollte das auch können, und somit sollten keine Lücken entstehen, nur weil manche gewisse Bereiche nicht interessant finden und das nicht mehr weiter vermitteln. Deswegen sage ich, dass alles bewahrenswert ist.

KATJA ZHOLKOVSKA: Man muss unbedingt daraus lernen, dass bei keinem einzigen Verbrechen, egal wie klein es ist, weggeschaut werden darf! Dass niemand wegen der Herkunft oder Religion für irgendwas schuld sein kann oder gemacht werden darf!

MARCO LA LICATA: Ich finde, man sollte daraus lernen: Einmal, was charismatische Führung plus Massendynamik mit „ganz normalen" Menschen macht oder wie das die Menschen formen kann. Aber auch die politischen und ökonomischen Dimensionen: Was lief schief in und vor der NS-Herrschaft und wie müssen wir Politik machen und wirtschaften, wie müssen wir Gesellschaft gestalten, dass so etwas nicht mehr passiert?

PHILIPP HACK: @Katja: Und inhaltlich würdest du dich worauf konzentrieren, bzw. was wäre nicht mehr bewahrenswert, um diese Ziele zu erreichen?

KATJA ZHOLKOVSKA: Na genau das Gegenteil: Das, was passiert ist, ist das Wichtigste an der Erinnerung. Dass jede weggeschaut hat, weil man das nicht wahr haben wollte oder selbst Angst hatte, getötet zu werden. Man muss immer versuchen zu helfen. Die Moral bewahren.

PHILIPP HACK: Vielleicht muss ich es anders formulieren: Findet ihr es generell okay zu sagen, man entrümpelt die Erinnerung und hebt nur gewisse Teile der Zeit auf, die bisher vermittelt werden?

KATJA ZHOLKOVSKA: Nein.

ANDREAS SCHULZ: @Philipp: Oft ist das aber auch kein bewusster Vorgang. In der Kommunikation über die Erinnerung entrümpelt die Gesellschaft meist automatisch und ohne „böse" Absichten.

KATJA ZHOLKOVSKA: Die Geschichte muss selbstverständlich als Ganzes betrachtet werden, sonst wäre es ja keine Geschichte mehr … aber ich denke, was Andreas damit sagen möchte bzw. fragen möchte, ist, was besonders wichtig ist, was man daraus lernt und vor allem mitnimmt.

JAKOB HÖHL: Erst einmal darf möglichst nichts vergessen werden. Je mehr Informationen bereitstehen, desto leichter kann man sich auch noch in Jahrhunderten ein Bild von dieser Zeit malen.

Mehrmals saß ich vorm Handy und dachte nur: „Verdammt er/sie hat recht! Wieso ist mir das so selbst nie in den Sinn gekommen? (Leonie)

Erinnerung wird von Menschen gemacht, wenn wir mit Respekt vor den Opfern und mit dem Anspruch, einen zweiten Holocaust zu verhindern, an Gedenkstätten, Unterricht und andere Formen der Erinnerung herangehen, dann wird es nicht zu einer Banalisierung … kommen. (Marco)

Mitarbeiter an Gedenkstätten, Lehrkräfte an Schulen und außerschulischer Bildungseinrichtungen, Bildungswissenschaftler und Historiker stellen sich fortwährend die zentrale Frage, wie historische Inhalte adäquat vermittelt werden können. Neben dem stetigen gesellschaftlichen Wandel nimmt die Digitalisierung in diesem Zusammenhang eine immer größer werdende Rolle ein. Geocaching und Augmented Reality (z. B. die Projektion von Zusatzinformationen zu einem Gegenstand auf das Smartphone) finden ab und an bereits ihren Einsatz in der Praxis. Hinzu kommen Smartphone-Apps, die verschiedene Themenkomplexe u. a. auch als Spiel vermitteln. Doch wie sieht es mit einem Chat zu historisch-politischen Themen aus? Könnte man daraus eine zielführende neue Methode in der pädagogischen Aufarbeitung des Nationalsozialismus entwickeln?

Eigene, digitale Lebenswelt

Wir als Autoren gehen davon aus, dass junge Menschen heutzutage sehr offen für einen Bildungszugang über neue Medien sind. Laut aktueller JIM-Studie von 2017 besitzen annähernd 99 Prozent der Jugendlichen zwischen 14 und 19 Jahren ein Smartphone.[5] Mit einem Anteil von 89 Prozent gehört der Instant Messanger What's App weiterhin zu den drei meist genutzten Anwendungen unter den Zwölf- bis 19-Jährigen. Neun von zehn Nutzern geben an, diese Kommunikationsplattform mehrmals täglich zu verwenden. Bereits knapp die Hälfte der Lernzeit, die Jugendliche für die Schule aufbringen, bestreiten Hauptschüler wie Gymnasiasten im Internet (ca. 45 Minuten täglich). Allerdings arbeiten nur sieben Prozent der Schüler täglich auch innerhalb der Schule online, immerhin insgesamt 35 Prozent mehrmals oder wenigstens einmal pro Woche. Insgesamt ist bereits ungefähr die Hälfte der Jugendlichen in knappen regelmäßigen Abständen mit digitalen Lernformen im Klassenzimmer konfrontiert. Eine bislang noch geringe Rolle nimmt dabei das Smartphone ein, das nur von 13 Prozent der zehn- bis 19-Jährigen mehrmals wöchentlich für ein digitales Lernen verwendet wird. Festzuhalten ist allerdings, dass bei Schülern ab 18 Jahren der Einsatz des Smartphones im Unterricht (33 Prozent) beinahe an die Nutzungshäufigkeit stationärer Computer (41 Prozent) und Whiteboards (35 Prozent) heranreicht. Speziell für das Thema „Nationalsozialismus" ist die Zielgruppe ohnehin auf die Klassenstufen 9 und folgende eingegrenzt: In dieser Alterststufe verwenden bereits insgesamt etwas mehr als zwei Drittel der Schüler ein Smartphone als Lernmedium.

Die Teilnehmer unseres Chats kamen in einem abschließenden Gespräch zu dem Schluss, dass Jugendliche heute im Allgemeinen durch digitale Zugänge eher angespornt würden, sich mit historischen Inhalten auseinanderzusetzen. So hebt beispielsweise Katja hervor, dass das Format *modern und innovativ gewesen sei, etwas Neues, ein Versuch die Auseinandersetzung mit dem Thema vielleicht auf solch eine Art attraktiver zu machen.* Dadurch sei es leichter möglich, *das Thema Jugendlichen in unserer Zeit näher zu bringen.* Auch Katharina glaubt, *dass die Verwendung dieses Mediums eine innovative und spannende Idee ist, sich mit dem NS auseinanderzusetzen.* Als angehende Lehrerin erwägt sie sogar, eine solche Form der Auseinandersetzung an geeigneter Stelle im Unterricht einzusetzen.

Offenheit

Ein derartiger Erinnerungschat bietet aber auch über das Klassenzimmer hinaus einige Vorteile für die historisch-politische Bildungsarbeit. Hervorzuheben ist dabei vor allem die Tatsache, dass sich die meisten Teilnehmer vor dem Beginn des Projekts noch nie in der analogen Welt begegnet waren, was nach Meinung einiger eine aufgeschlossenere, offenere Diskussion erlaubte. Philipp etwa betont, dass gerade solch eine *vereinfachte Möglichkeit des Meinungsaustauschs und die Tatsache, dass reale Personen hinter den Nummern mit einer ehrlichen Meinung stecken, die man vorher nicht kannte, das Ganze um einiges interessanter* mache, *als Interviews von historischen Personen oder Zeitzeugen zu lesen, mit denen man heute nicht mehr interagieren kann.* Ähnlich argumentiert Jakob Höhl, der einen entscheidenden Vorteil des Chats vor allem darin sieht, dass man *mehr gezwungen* sei, *auf die anderen Sichten und Meinungen einzugehen. Super interessant* findet er, dass sich die Gruppenmitglieder *vorher größtenteils nicht kannten und man deshalb erst mal ganz unvoreingenommen die anderen Meinungen angehört und sich langsam ein Bild zu jedem Teilnehmer aufgebaut hat.* Aus seiner Sicht hätten sich bei einer analogen Diskussion *die Fronten schneller verhärten* können, was zu einer Kategorisierung der Meinungen anderer und einem Schubladendenken führen könne. Auch Katja spricht von einem (im positiven Sinne) Aufheben von „*Hemmschwellen",* das durch die Anonymität bevorteilt werde.

Schriftlichkeit

Einen weiteren Bonuspunkt für solch einen Chat sieht Katharina darin, dass *die Diskussionen schriftlich festgehalten werden und man vielleicht eher mal was schreibt, was man sich mündlich nicht getraut hätte zu sagen.* Für Selina war das Gespräch anders, *als man Diskussionen aus dem Unterricht kennt.* Weiterhin sei gerade bei einem Chat auch mehr Zeit gegeben, über Sachverhalte *nachzudenken, und dass man ungezwungen dann etwas dazu beitragen konnte, wenn einem etwas einfiel.* Im Schulunterricht hingegen müsse man häufig *auf Kommando* reagieren. Der Chat als Gesprächsform ermögliche, dass man *besser auf die anderen eingehen* könne, *da man hier alles in Textform vorliegen hat und man noch einmal nachlesen kann, was der oder die andere gesagt habe.* Auch Katja hebt diese Chance hervor: Insbesondere die Perspektive von Vivien und Selina fand sie spannend, da sich diese beiden bisher noch nicht mit dem NS schulisch auseinandergesetzt haben und daher weniger von pädagogischen Aufbereitungen geprägt seien. Ferner betont sie, dass sich durch solch einen Chat *alle trauen konnten, das zu sagen, was sie denken, und sich nicht unwohl fühlen mussten.* Dabei sei allen voran der gegenseitige Respekt bei einem solchen Thema unverzichtbar. Keiner dürfe für seine Meinung ausgebootet werden, sondern alle seien in der Pflicht, zunächst nachzufragen und zu verstehen, was der/die andere meine.

Andere Blickwinkel

Aus unserer Sicht ist einer der wichtigsten Gründe, sich heute noch in pädagogischen Zusammenhängen mit dem Nationalsozialismus zu beschäftigen Jugendliche zum Nachdenken über die Vergangenheit anzuregen. Doch hat unser Projekt tatsächlich einen Denkprozess ausgelöst? Gar etwas verändert? Von den Jugendlichen wollten wir wissen, ob sich durch das Projekt über ein Nachdenken hinaus auch ihre Einstellung zum Thema verändert habe: Nach Einschätzung von Torben, Marco und Katja hat der Chat keine grundlegende Veränderung in ihrem Bild über die NS-Zeit herbeigeführt. Selina, die das Thema noch nicht im Unterricht behandelt hat, hat zwar durch dieses Projekt neues Wissen erlangt, doch eine abschließende Meinung möchte sie sich erst bilden, wenn sie genug darüber weiß. Vivien hingegen konnte sich *erst durch diesen Chat … eine wirkliche Meinung zum Thema* bilden. Sie habe in diesem Chat sehr viel Neues über den Nationalsozialismus gelernt und freue sich *jetzt sehr, das Thema in der Schule zu behandeln.* Besonders der Austausch darüber sei unabdingbar, um dadurch über die Meinungen anderer nachzudenken. Daneben sei es sehr wichtig, sich damit zu beschäftigen, *wie es in Zukunft mit dem Thema weitergeht, wenn es keine Zeitzeugen mehr geben wird.*

Diese Form des Meinungsaustauschs hat unserer Meinung nach gezeigt, dass Jugendliche zumindest andere Blickwinkel auf das Thema erlangen können – indem sie außerhalb ihrer eigenen Umgebung (Schule, Freundeskreis, Familie) mit anderen Meinungen konfrontiert werden. Leonie ist überzeugt, dass *das Diskutieren, wie es während des Chats stattfand, so in der Schule gar nicht möglich sei.* Sie selbst habe *viele interessante Ansichten* mitgenommen, die sie *anders wohl nie bekommen hätte*. Ihr Falle es jetzt leichter, historische Entwicklungen *aus mehreren Blickwinkeln zu betrachten*. Ähnlich argumentiert Jakob Flemming. Er fand besonders interessant, dass hier *Gruppen in Kontakt treten, die so vermutlich niemals gemeinsam über den Nationalsozialismus gesprochen hätten*. Darin sehen auch wir als Herausgeber eine große Chance: Durch die Kommunikation in Chatform ist es einfacher, auch über eine größere Entfernung hinweg sehr heterogene Gruppen – wie hier z. B. Studierende, Lehrkräfte, Schüler, Gedenkstättenmitarbeiter/innen, und Universitätsdozent/innen – zusammenzubringen. Dadurch wird auf Augenhöhe auch der Blickwinkel des anderen für Fragen und Ansichten geschärft, die im Rahmen der eigenen Beschäftigung mit dem Thema weniger im Fokus der Aufmerksamkeit stehen mögen.

So betont Marco, dass er zwar vorher schon eine sehr feste politische Überzeugung gehabt habe, die sich nicht geändert hat. Ihm sei aber klar geworden, dass nach wie vor *die alte Debatte, wie der Widerstand hätte funktionieren müssen, um den Nationalsozialismus zu verhindern … auch mit jüngeren Generationen nicht zu Ende geführt wurde, was besonders bedauerlich angesichts der aktuellen Situation* sei. Obgleich sich seine Grundhaltung nicht geändert habe, hat sich für Jakob Flemming die *Wahrnehmung von zwei sehr unterschiedlichen Problemen in der Erinnerungskultur* geschärft: *Einerseits der Hang zur ‚Normalisierung‘ bis hin zu einer Schlussstrich-Mentalität*, andererseits aber auch ein *merkwürdiger ‚Stolz‘ auf das eigene Erinnern nach dem überspitzt formulierten Motto ‚das ist UNSERE Shoah und keiner hat sie so gut aufgearbeitet wie wir‘*. Philipp meint, dass dieser Austausch ihm gezeigt habe, dass er *manche Themen komplett anders angehe und viele Aspekte nicht beachtet habe, auf die andere mehr Wert legen*. Für ihn habe das Projekt zum Verständnis anderer Meinungen beigetragen und er habe nun das Gefühl, *fähiger zu sein, über das Thema ins Gespräch zu kommen und Diskussionen darüber zu führen*. Geschichte lebe *vom Austausch und von der Meinungsvielfalt*, das habe dieser Chat für die Dauer seines Bestehens ermöglicht.

Bei Katharina hat der Chat einen umfassenden Selbstreflexionsprozess verstärkt, der *Einfluss auf ihre berufliche Haltung zum Thema „Nationalsozialismus" haben könnte*. Sie resümiert, dass sie selbst manchmal sehr hohe moralische Erwartungen an das Thema habe. *Auch nach jahrelanger intensiver Beschäftigung mit den Opfern und Tätern des Nationalsozialismus* sei sie *noch immer betroffen, berührt, wütend*. In ihrer Rolle als Lehrerin sei es aber fatal die gleiche Reaktion vom Gegenüber zu erwarten. Ihre wichtigste Erkenntnis aus dem Projekt ist, *dass es sich lohnt, weiter zu machen, dazuzulernen, Wissen weiterzugeben, die Erinnerung wachzuhalten, manchmal wachzurütteln*. Jakob Höhl hingegen fand besonders die geschichtsreflexiven Fragestellungen spannend, vor allem *wie man in Zukunft mit der NS-Zeit und dem Gedenken umgehen wird und auch wie man die Erinnerung vielleicht moderner aufbereiten kann*. Durch den Chat sei das Thema viel präsenter in seinem Leben geworden und besonders die momentane politische Situation (allen voran das Erstarken nationaler Kräfte) sehe er jetzt auch mit anderen Augen.

Nachteile

Einige Vorteile unseres Formats können sich allerdings auch als Nachteile erweisen. Die Heterogenität der Teilnehmenden kann schnell zum Problem werden, was besonders Jakob Flemming hervorhebt: Teilweise sei *auf sehr unterschiedlichen Ebenen und mit sehr unterschiedlichen Voraussetzungen diskutiert* worden. Gerade jüngere, mit dem Thema noch weniger vertraute Jugendliche könnten phasenweise Probleme haben, mit den anderen mitzudiskutieren, etwa wenn es um historische Kontinuitäten und detailliertes Faktenwissen geht. Selina als eine der beiden Schülerinnen, die das Thema Nationalsozialismus bisher nicht in der Schule behandelt hatten, meint, dass es für sie manchmal schwierig gewesen sei, *das Gespräch zu verfolgen, weil ich das Thema in der Schule noch nicht behandelt habe und des Öfteren Fremdwörter vorkamen, die ich nachschlagen musste.*

Besonders bei Lerngruppen oder Teilnehmern, die nur ein bruchstückhaftes Vorwissen mitbringen, sollte man daher durchdenken, ob ein solcher Chat ein geeignetes Medium für eine Diskussion darstellt. In Gesprächen, bei denen eine größere Zahl von Diskutanten zeitgleich Positionen austauscht, kann es passieren, dass sich etwa vereinfachte Geschichtsbilder verfestigen, da nur bruchstückhaft Inhalte aufgefasst werden. In jedem Fall bedarf es einer guten Moderation und einigen Regeln, die im Folgenden noch zu beleuchten sind. Auf der anderen Seite zeigen aber vor allem die Erkenntnisprozesse von Selina und Vivien, dass ein fehlendes oder lückenhaftes Vorwissen kein Hindernis sein muss, wenn dahinter ein grundlegendes Interesse am Thema steht. Schließlich bewirkten einige Wissenslücken nicht, dass die beiden jüngeren Schülerinnen aufgaben, sondern sich abseits des Chats selbstständig weiter mit dem Thema beschäftigten.

Ein anderes Problem stellt die Qualität und Tiefe der Inhalte dar. Beispielhaft zeigt sich fehlende Tiefenschärfe deutlich beim Gespräch über Widerstand. Die eigenen Definitionen der Jugendlichen sind an sich interessant und informativ, kommen aber nur selten an den Punkt einer aus „wissenschaftlicher" Sicht zufriedenstellenden Erkenntnis. Dabei sind sich allerdings auch die Herausgeber uneinig, wie ausführlich und detailliert solche Gespräche geführt werden können. Während Andreas Schulz an einigen Stellen bemängelt, dass die Diskussion zu oberflächlich und allgemein verlaufen sei und oft nicht konkret genug werde, blickt Bertram Noback aus Sicht eines Lehrers anders auf die Ergebnisse zurück: Vor allem die Chats über die Zukunft der Erinnerung, über Gedenkstätten und Dokumentarfilme besäßen eine Tiefe, wie sie sowohl in der Schule – nicht einmal im Leistungskurs Geschichte – als auch in der universitären Lehre sehr selten erreicht werde.

Auch die Distanz, die ein digitales Medium mit sich bringt, kann zu Problemen führen. Das betonen vor allem Katharina (*dass ein persönlicher Kontakt doch eindringlicher, intensiver ist und man relativ schnell den Anschluss verliert, wenn man nicht von Beginn eines Gesprächs voll dabei ist*) und Katja (*manchmal fühlt sich das Gespräch sehr unpersönlich an*). Für einen Moderator ist es, wenn sich alle Diskutierenden in einem Raum befinden, sicherlich einfacher, gegenseitige Angriffe zu unterbinden und gegebenenfalls auch klare Regeln einzufordern. Bei einem Chat, bei dem sich die Teilnehmer an ganz unterschiedlichen Orten befinden und sich vielleicht gar nicht persönlich kennen, können Gruppendynamiken hingegen nicht so leicht unterbunden werden.

Während des Gesprächs über Widerstand etwa kam es unter einigen Diskutanten aufgrund unterschiedlicher politischer Weltauffassungen zu persönlichen Anschuldigungen. (Diesen Streit haben wir aus dem vorliegenden Chat gestrichen.) Für uns Moderatoren war es zunächst trotz mehrfacher indirekter und direkter Bitten nicht möglich, die Streithälse zu trennen. So entwickelte sich parallel zum eigentlichen Gespräch ein Dreiergespräch, in dem man sich sehr plakative Aussagen an den Kopf warf, der eigentliche Kern der Diskussion aber aus den Augen verloren wurde. Erst am Folgetag und nach klaren Worten der Moderatoren und dem zwischenzeitlichen Aus- und Wiedereintritt eines Teilnehmers aus der Gruppe war es möglich, wieder sachlich zu argumentieren. Allerdings hatten wir auch den Eindruck, dass gerade durch diese kurze Krise die gesamte Gruppe enger zusammenwuchs.

Herausforderungen lagen an einigen Stellen auch in der Gleichzeitigkeit der Kommunikation. Im Unterschied zu einem gelenkten Gespräch von Angesicht zu Angesicht kann bei einem Chat theoretisch jeder jederzeit schreiben, was er will. Dadurch kann eine Online-Diskussion bisweilen stärker entgleiten als eine analoge. Insbesondere zu Beginn des Widerstandschats folgten Beiträge mit sehr geringem Abstand aufeinander. Innerhalb weniger Minuten standen zahlreiche Äußerungen auf den Bildschirmen, auf die man nicht näher eingehen konnte. Für einen nachhaltigen Erkenntnisprozess ist eine gewisse Grundstruktur daher unverzichtbar. Darüber hinaus hebt beispielsweise Philipp hervor, dass man *schnell bei einzelnen Aussagen hängen bleibt, wenn man nicht von Anfang eines jeden Themas an dabei war*. Nachteilig war in dem Zusammenhang auch, dass einzelne sehr hochwertige Beiträge, die Stoff für sehr fruchtbare Diskussionen geboten hätten, gar nicht aufgegriffen oder zu kurz und zu oberflächlich behandelt wurden. Beispielsweise warf Torben zu einem frühen Zeitpunkt des Projekts den Begriff der „Normalisierung" ein und wiederholte diesen immer wieder. Doch erst gegen Ende aller Gespräche wurde ein angemessener Raum für eine Diskussion darüber ermöglicht.

Die Gleichzeitigkeit führte also dazu, dass die Teilnehmer/innen manchmal gar nicht ins Gespräch kamen, sondern aneinander vorbei chatteten. Jeder warf seine subjektive Sicht der Dinge ein, ohne aber auf die anderen einzugehen, interessante Gedanken aufzugreifen, Unklarheiten nachzufragen oder unsinnig erscheinende Gedankengänge zu kritisieren. Erst im Laufe des Projekts gelang es uns, durch klare Regeln den Kommunikationsfluss der Teilnehmenden zu kanalisieren.

Darüber hinaus wirft Katharina, bezogen auf den schulischen Einsatz solcher Chatforen, ein, dass besonders bei Eltern oft Vorbehalte bestehen könnten, der ohnehin schon sehr umfassenden Mediengebrauch heutiger Jugendlicher noch zusätzlich von schulischer Seite zu forcieren: *Sollte nicht die Schule eher ein Gegengewicht, alternative Möglichkeiten der Kommunikation und Freizeitgestaltung fördern, statt Schüler noch mehr zum Medienkonsum zu animieren?* Wir möchten an dieser Stelle nicht die Diskussion über den Smartphone-Einsatz in Schulen nachzeichnen, dieses Problem aber zu bedenken geben. Alles in allem ist es unserer Meinung nach allerdings äußerst sinnvoll, im Rahmen der Kompetenzförderung im Medienbereich gemeinsam mit Schülern solch digitale Möglichkeiten der Bildungsarbeit zu erkunden, statt die Smartphone-Nutzung prinzipiell ins Private zu verbannen.

Wie weiter?

Am Ende bleibt die Frage, ob und wie sich ein solcher Chat konkret in die pädagogische Arbeit einbinden lässt. Insgesamt halten wir eine solche Form für ein sinnvolles Angebot. Im Folgenden möchten wir drei Perspektiven aufzeigen.

1. Der Erinnerungschat als Teil des Geschichtsunterrichts

Aus unserer Sicht kann ein Erinnerungschat eine neue Methode im Geschichtsunterricht darstellen. Wenn rechtliche Rahmenbedingungen, wie etwa der Datenschutz und Lizenzen zur Verwendung eines bestimmten Programms geklärt sind, ist es problemlos möglich, einen digitalen Diskurs in die Unterrichtsplanung einzubauen – und zwar in fast allen Phasen einer Unterrichtseinheit zum Thema „Nationalsozialismus". Dabei geht es jedoch keineswegs darum, die klassischen Unterrichtsgespräche und Diskussionen durch Chatforen zu ersetzen. Vielmehr bietet das digitale Gespräch die Chance, den bestehenden Methodenpool zu erweitern. Unserer Einschätzung nach bleibt das gemeinsame Gespräch nach wie vor die Kernmethode in der pädagogischen Bildungsarbeit wie auch in der historisch-politischen Bildung.

Chatphasen könnten allerdings die Lernatmosphäre auflockern, ergänzen und zur Ergebnissicherung beitragen. Der große Vorteil dieser Kommunikationsform – wie schon oben dargelegt – besteht darin, die schriftlichen Äußerungen, die je nach Rahmensetting auch die private Kommunikationsform vieler Jugendlicher widerspiegeln, speichern und damit in späteren Unterrichtsphasen erneut arbeiten zu können. Der Einstieg in die NS-Thematik wäre z. B. möglich, indem Lehrkräfte ihre Klasse digital und völlig offen über den Nationalsozialismus diskutieren lassen, sie also in doppelter Weise in ihrer Lebenswelt abholen. Dieser erste Chat könnte am Ende der Unterrichtseinheit den Schülern vorlegt werden, um gemeinsam mit ihnen ihren Erkenntnisfortschritt zu durchdenken.

Vor allem als Kommunikationsform mit Experten, die nicht vor Ort sein können, lässt sich ein Chat auch zu einem späteren Zeitpunkt einer Unterrichtseinheit einsetzen. Durch die nicht benötigte gemeinsame Räumlichkeit wäre es sogar denkbar, dass sich die Schüler – unter Einverständnis der Schulleitung und der Erziehungsberichtigen – zu einem bestimmten Termin außerhalb der regulären Unterrichtszeit verabreden, um durch ein Expertengespräch das Thema zu vertiefen.

Zudem bietet sich eine digitale Kommunikationsform auch im Rahmen von Schulprojekten an. Beispielsweise wird ein Erinnerungschat Teilprojekt einer umfassenden Gedenkveranstaltung in Darmstadt am 16. November 2018 zum Thema „80 Jahre Reichspogromnacht – Darmstädter Schülerinnen und Schüler erinnern und gedenken". Im Rahmen dieses Projekts werden Studenten der TU Darmstadt sowie der Ruprecht-Karls-Universität Heidelberg mit Schülern aus Darmstadt über das Thema Erinnerungskultur chatten und die wichtigsten Ergebnisse bei der Gedenkfeier präsentieren.

2. Der Erinnerungschat als Teil der universitären Lehre/Lehrerbildung

Auch in der universitären Lehre sind Erinnerungschats denkbar. Dozent/innen würde dies ermöglichen, zur Vor- oder Nachbereitung Problemstellungen in die Gruppe einzubringen und diese mit den Studierenden digital zu diskutieren. Auch wäre denkbar, dass einzelne Leistungsnachweise über einen Erinnerungschat vergeben werden – Vorbereitung, Durchführung, Auswertung und Präsentation der wichtigsten Ergebnisse etwa einer Schülerbefragung via Chat. Künftigen Lehrkräften würde auf diese Art ermöglicht, mit der Zielgruppe in Kontakt zu kommen, um Erfahrungen zu sammeln, welchen Wissensstand Schüler besitzen und wie sie über das Thema diskutieren.

3. Der Erinnerungschat als Element von Gedenkstättenbesuchen

Die Nutzung eines Chats würde ermöglichen, zwei der häufig vernachlässigten Aspekte von Gedenkstättenbesuchen in praktikabler Form mehr Aufmerksamkeit widmen zu können: der Vor- und der Nachbereitung. Schüler, die vor dem Gedenkstättenbesuch während einer Unterrichtsstunde mit einem Gedenkstättenmitarbeiter chatten, können erste grundsätzliche Fragen stellen sowie Erwartungen und Haltungen formulieren. Damit wäre ein erster Schritt für die Annäherung an den bis dato unbekannten außerschulischen Lernort möglich. Für die Gedenkstättenmitarbeiter bietet der Chat neben dem ersten Kontakt zur Klasse die Chance, mögliche Interessensschwerpunkte und Fragestellungen für den Besuch vor Ort zu erkennen und später akzentuiert aufgreifen zu können. In der alltäglichen Praxis stellt sich die Nachbereitung von Gedenkstätten mit Abstand problematischer als die Vorbereitung dar. Der Kontakt zur Gedenkstätte endet fast ausschließlich mit dem Ende des Besuchs. Welche Fragen und Reaktionen danach entstehen und artikuliert werden, bleibt in den meisten Fällen für die Gedenkstätten außerhalb ihrer Wahrnehmung. Insbesondere in diesem Zusammenhang bietet ein Chat die einzigartige Möglichkeit der gemeinsamen Auswertung des Besuchs, der Klärung offener Fragen sowie eines Feedbacks, das für die Weiterentwicklung der Inhalte und Methoden der Gedenkstätte Anregungen liefern kann.

Fazit und Ausblick

Der hier dokumentierte Erinnerungschat war in seiner Art ein bisher singuläres Experiment. Er hat exemplarisch Möglichkeiten und Problematiken der digitalen Kommunikation zu Themen der Erinnerungskultur aufgezeigt. Ein Chat kann weder analoge Unterrichts- und Lehrmodelle noch Besuche von außerschulischen Lernorten und Gedenkstätten ersetzen. Auch wird die Nutzung von Chats und von Smartphones zweifellos nicht per se alle Schülerinnen, Schüler und Studierenden für eine kritische historisch-politische Bildungsarbeit begeistern. Nicht jede Gruppe und nicht jede Fragestellung eignet sich für die Arbeit mit einem Chat. Und nicht jede Gedenkstätte wird die Möglichkeit haben, zu jeder Zeit in Echtzeit auf Fragen und Rückmeldungen einzugehen. Wann und wo ein Chat als Methode sinnvoll eingesetzt werden kann, muss von den verantwortlichen Lehrkräften und Pädagogen überlegt und entschieden werden. Die Stärke eines Chats liegt darin, eingebettet in bestehende Vermittlungsmethoden, neue Kommunikationsformen dort zu nutzen, wo schulische und außerschulische Methoden an Grenzen und Distanzen stoßen. Ein Erinnerungschat kann bestehende Methoden daher nicht ersetzen, aber sinnvoll ergänzen und einen neuen Vermittlungszugang schaffen.

Wenn hier abschließend erste Regeln für einen Gedenkstättenchat formuliert werden, versteht sich das Projekt „Erinnerungschat" damit keineswegs als abgeschlossen. Im Gegenteil: viele Fragen einer breiten praktischen Nutzung sind entstanden und bleiben offen. Wie, an welchen Aspekten und Themen, mit welchen Fragestellungen und mit welchen möglichen Problematiken können Chats als Vermittlungs- und Kommunikationsmethode eine praktische Nutzung erfahren? Welche technischen Voraussetzungen sind notwendig, um z. B. parallele Kommunikationen und deren Abfolge im Chatverlauf besser kanalisieren zu können? Welche Voraussetzungen sind für Vor- und Nachbereitungen von Gedenkstättenbesuchen in Form von Chats zu schaffen und zu formulieren? Sind Erinnerungschats grundsätzlich für alle Schulformen geeignet, und bedarf es bestimmter spezifischer Voraussetzungen und Anforderungen? Dies sind nur einige Fragestellungen und Überlegungen, deren weitere Klärung nur durch eine Fortsetzung des Projektes möglich ist, das sich den methodischen, inhaltlichen als auch technischen Voraussetzungen widmen muss. Die Zusammenarbeit zwischen den Institutionen Schule, Universität und Gedenkstätte hat sich in diesem ersten Erinnerungschat ebenso bewährt wie der Chat der dahinter stehenden Personen: den Schülern, Studierenden, Lehrkräften und Experten der historisch-politischen Bildungsarbeit. Das hier vorliegende, positive Ergebnis versteht sich daher als Ansporn und Plädoyer, basierend auf bestehenden Ergebnissen und der bewährten Kooperation an der modellhaften Entwicklung eines für breite Zielgruppen praxistauglichen Erinnerungschats weiterzuarbeiten. Ausgehend von diesem Projekt werden wir gemeinsam ein

Projekt entwickeln, das aufzeigen soll, wie man einen solchen Chat in die Arbeit an Gedenkstätten einbauen kann.

Einfache, aber Goldene Regeln eines Erinnerungschats

Ausgehend von unseren praktischen Erfahrungen und der hier dargelegten kritischen Analyse unseres Chats möchten wir abschließend sieben Regeln definieren, die die Qualität und den Erkenntnisgewinn solcher pädagogischen Lernangebote positiv beeinflussen können.

1. Jeder hat das Recht auf seine eigene Meinung und niemand wird persönlich angegriffen!

Zwar sollte diese Regel in jeglicher Debatte selbstverständlich sein, allerdings besteht, wie oben ausgeführt, aufgrund der räumlichen Distanz und des fehlenden persönlichen Kontakts das Problem, dass beleidigende und unsachliche Angriffe leichter möglich sind als in einer analogen Diskussion. Die Hemmschwelle zur Beleidigung sinkt im Vergleich gegenüber einem persönlichen Austausch. Aber auch das bedeutet Medienkompetenz: sich diesem Cyber-Effekt bewusst zu werden und in der Praxis selbst dagegen zu steuern.

2. Haltet euch kurz!

Wir wollen keine konkreten Vorgaben zur Länge der Beiträge machen, auch weil wir manchmal selbst das Maß überschritten haben. Dennoch sollte jeder darauf achten, dass einzelne Ausführungen (je nach Thema) nicht zu ausschweifend ausfallen. Das Medium begünstigt einen oft (vor-)schnellen Meinungsaustausch. Wer sich kurz hält, hat Zeit, bei anderen nachzufragen, wenn er einmal etwas ausführlicher wissen möchte.

3. Geht aufeinander ein!

Die hier gewählte Sozialform, um es in der Sprache der Didaktik und Methodik zu formulieren, war ein Unterrichtsgespräch. Das Ziel eines solchen ist es, miteinander über einen Sachverhalt zu sprechen und zu diskutieren. Einzeldarsteller gibt es unter Lehrkräften wie unter Jugendlichen genug. Die Qualität eines solchen Chats nimmt zu, wenn die Teilnehmer/innen aufeinander eingehen und keiner Vorträge hält, die sonst niemand lesen möchte.

4. Bleibt beim Thema!

Ein scheinbar einfacher Punkt. Dennoch passiert es erfahrungsgemäß schnell, dass man auf ein Stichwort eingeht, zu dem man unbedingt etwas sagen will, das aber vielleicht nicht unbedingt zum Thema gehört. Aber: Was raus muss, muss raus. Damit das Chatgespräch ein geeignetes Medium für die Vermittlungsarbeit darzustellen kann, muss ein Chat bei aller Lockerheit eine gewisse Ernsthaftigkeit und ein strukturiertes Vorgehen besitzen. Moderatoren können sich einzelne Punkte notieren, um später auf sie zurückkommen zu können. Diese Möglichkeit sollte den Chattenden vor Beginn des Gesprächs bewusst sein. So können auch sie einfordern, dass sie über ein bestimmtes Thema zu gegebener Zeit noch einmal diskutieren wollen.

5. Traut euch zu moderieren!

Ursprünglich war unser Ziel, jegliche Form von Hierarchisierungen zu vermeiden. Doch unsere anfänglich gemachten Erfahrungen hinsichtlich fehlender Strukturen und fehlendem Aufeinandereingehens führten schnell dazu, dass wir klare Moderatorenrollen vergaben und diese auch beibehielten. Diese Rolle kann natürlich flexibel an eine Lerngruppe angepasst werden. Außerdem können Jugendliche auch selbst eine solche Rolle übernehmen. So erlangen alle Teilnehmer ein Gespür dafür, wann jemand abschweift und wie schwierig es sein kann, solche Nebendiskussionen wieder einzufangen. Wer moderiert, der reift auch im Gespräch.

6. Gebt euch Struktur!

Für uns hat sich bewährt, den Chat mit einem kurzen Impuls zu beginnen, der dann zu einer kontroversen Debatte führen kann und schließlich zu einer vertieften Diskussion über einzelne Aspekte anregt. Für Moderatoren kann es sinnvoll sein, eine Art Leitfaden mit einzelnen Schlagworten oder Themenkomplexen vorzubereiten, der auch flexibel an die Gesprächssituation angepasst werden kann. Über was möchte ich sprechen? Welche Unterthemen sind wichtig? Wo gibt es aktuelle Anknüpfungspunkte? Mit solchen Fragen entgeht man der Gefahr, dass aus einem Gespräch über Gedenkstätten eine Diskussion über Nilpferde wird.

7. Gebt euch für Expertenchats eine noch bessere Struktur

Aus den gewonnenen Erfahrungen plädieren wir dafür, vor allem bei der Einbindung von Experten den Chat doppelt gut vorzubereiten. Je komplexer das Thema, desto sinnvoller ist eine Aufteilung: Im Nachhinein hätten wir vielleicht lieber zwei Chats über Widerstand führen sollen: einen, in dem das Basiswissen (Definition, Beispiele, Beurteilung von Figuren des deutschen Widerstands) abgerufen wird, und einen, um vertieft mit Expert/innen über Einzelaspekte zu diskutieren. Auch sollte vorab klar sein, welche Lernvoraussetzungen die Gruppe besitzt, worauf Schwerpunkte liegen sollten und welche Rolle der/die Expert/in einnehmen soll.

Die folgenden Verweise erheben keinen Anspruch, einen vollständigen Überblick zu relevanten Veröffentlichungen in den Bereichen „Digitalisierung" und „Gedenkstätten" verschaffen zu wollen. Sie sollen im weiten Feld der Digitalisierung eine erste Orientierung ermöglichen und als Anregung dienen, sich weiter in einzelne Themenbereiche einzuarbeiten.

Jugend- und Medien

Medienpädagogischer Forschungsverbund Südwest (Hrsg.): JIM-Studie 2017. Basisuntersuchung zum Medienumgang 12- bis 19-Jähriger, Stuttgart 2017. Online abrufbar unter www.mpfs.de/fileadmin/files/Studien/JIM/2017/ JIM_2017.pdf

Dpa/Stuttgarter Zeitung: Neue Medien in der Schule. Deutsche Schüler hinken hinterher, veröffentlicht am 20.11.2014. Online abrufbar unter www.stuttgarter-zeitung.de/inhalt.neue-medien-in-der-schule-deutsche-schueler-hinken-hinterher.b77d7029-58ac-4199-a000-e10d4802f99e.html

Schulzki-Haddouti, Christiane: E-Learning-Plattformen. Der gläserne Schüler, veröffentlicht am 8.9.2017. Online abrufbar unter https://www.stuttgarter-zeitung.de/inhalt.e-learning-plattformen-der-glaeserne-schueler.a9bc9514-3d17-42a8-a147-9f1ddf40c815.html

Zimmermann, Pia: Generation Smartphone: Wie die Digitalisierung das Leben von Kindern und Jugendlichen verändert. Was wir wissen sollten und was wir tun können. Munderfing 2016.

Digitalisierung der Erinnerung und Angebote an Gedenkstätten und Museen

Bender, Steffen: Virtuelles Erinnern. Kriege des 20. Jahrhunderts in Computerspielen, Bielefeld 2012.

Divers., in: Museumspädagogik im Internet – Dokumentation, Kommunikation, Marketing (= Standbein Spielbein. Museumspädagogik aktuell (88/2010)).

Divers., in: Internet und Social Media (= Standbein Spielbein. Museumspädagogik aktuell (93/2012)).

Divers., in: Neue Medien in der kulturellen Bildung (= Standbein Spielbein. Museumspädagogik aktuell (101/2015)).

Meyer, Erik (Hrsg.): Erinnerungskultur 2.0. Kommemorative Kommunikation in digitalen Medien, Frankfurt a. M. 2009.

Gaiser, Wolfgang: Jugend heute – Lebenslagen, Einstellungen, Partizipationsformen, in: Freiräume schaffen – Jugendliche im Museum (= Standbein Spielbein. Museumspädagogik aktuell (98/2014)), S. 9-14.

Hänssler, Boris: Mit der VR-Brille durch die Holocaust-Gedenkstätte, veröffentlicht am 2.6.2017. Online abrufbar unter www.sueddeutsche.de/digital/vir-
tuelle-realitaet-auf-zeitreise-1.3522125

Klevan, David: Das Internet ist kein Ersatz für den Besuch von Gedenkstätten, Interview vom 15.04.2011. Online abrufbar unter www.bpb.de/media-
thek/846/das-internet-ist-kein-ersatz-fuer-den-besuch-von-gedenkstaetten.

Lorenz, Ina: Wie Museen und Gedenkstätten im Internet an die Opfer des Holocaust erinnern, in: Gedenkstättenrundbrief 164 (12/2011), S. 9-20. Online abrufbar unter www.gedenkstaettenforum.de/nc/gedenkstaetten-rundbrief/
rundbrief/news/gedenken_online/

Rosenfeld, Gavril D.: Hi Hitler. How the Nazi Past Is Being Normalized in Con-
temporary Culture, Cambridge 2014.

Schwarz, Angela (Hrsg.): Wollten Sie auch schon immer einmal pestverseuchte
Kühe auf Ihre Gegner werfen? Eine fachwissenschaftliche Annäherung an Geschichte im Computerspiel, Münster 2010.

Digitalisierung und Psychologie

Katzer, Catarina: Cyberpsychologie. Leben im Netz – wie das Internet uns verändert, München 2016.

Milzner, Georg: Digitale Hysterie. Warum Computer unsere Kinder weder dumm
noch krank machen, Weinheim 2016.

te Wildt, Bert: Digital Junkies: Internetabhängigkeit und ihre Folgen für uns und
unsere Kinder, München 2016.

Anmerkungen

1   Aus Gründen der besseren Lesbarkeit wird auf die gleichzeitige Verwendung männlicher und weiblicher Sprachformen verzichtet. Sämtliche Personenbezeichnungen gelten gleichermaßen für beiderlei Geschlecht.

2   Zur Berichterstattung siehe bspw. http://www.spiegel.de/politik/deutschland/alexander-gauland-provoziert-mit-rede-zu-deutschlands-nazi-vergangenheit-a-1167750.html (abgerufen am 30. September 2017).

3   Eine knappe Zusammenfassung der Studie findet sich in der Pressemitteilung der Körber-Stiftung: https://www.koerber-stiftung.de/pressemeldungen-fotos-journalistenservice/deutsche-wollen-aus-geschichte-lernen-1143 (abgerufen am 29. September 2017).

4   Die Centralstation ist ein kultureller Veranstaltungsort in Darmstadt, ein ehemaliges Elektrizitätswerk. Dort finden unter anderem auch Gedenkveranstaltungen an die NS-Zeit statt.

5   Zur Berichterstattung siehe bspw. http://www.sueddeutsche.de/sport/lazio-rom-die-verhoehnung-der-anne-frank-1.3722641 (abgerufen am 25. Oktober 2017).

6   Die folgenden Ausführungen beziehen sich auf Ergebnisse der JIM(Jugend, Information, Multi-Media)-Studie von 2017. Sie wird herausgegeben vom Medienpädagogischen Forschungsverbund Südwest. Die Ausgabe 2017 ist abrufbar unter https://www.mpfs.de/studien/jim-studie/2017/ (abgerufen am 20. Februar 2018).